대구말 활용 사전

큰글자책 1쇄 발행 2024년 2월 14일

도서명 [큰글자책] 대구말활용사전
지은이 서이화
펴낸이 이웅현
편집 · 디자인 부카
펴낸곳 부카
기획위원 서이화
제작처 (주)부건애드
주소 대구광역시 달서구 문화회관길 165 408호
전화 053-423-1912
팩스 053-639-1912
전자우편 bookaa@hanmail.net

공급 및 판매처
제작 : (주)부건애드
주문 : 한국출판협동조합 kbook.biz 플랫폼
전화 : 070-7119-1731, 070-7711-0834
팩스 : 02-716-6769

ISBN 979-11-92432-87-8
정가 20,000원

E^E E^2 2^E 2^2

대 구 말
활 용 사 전

서 이 화

쪼대   훌찌
선나꼽재기   검추리
농갈라   가리느까   해나   히야
단다이   내나   소잡다   이적지

부 카

머리말

언어는 생물이다. 사용하지 않으면 소멸한다. 우리나라는 지형의 특성상 지역 사투리가 많이 분포한다. 하지만 교통의 발달과 대중매체의 발달로 사투리는 점점 사라지고 있다. 지역 사투리가 점점 표준화되어가면서 소멸의 위기를 맞고 있다.

우리나라 중세 국어의 음가와 특징이 가장 잘 남아있다고 여겨지는 경상도 사투리를 정리해서 기록으로 남기고 싶었다. 많은 자료가 있을 거라는 생각과는 달리 자료가 많지 않았다. 도표 형식으로 정리되어있는 자료들은 제법 찾을 수 있었다. 내가 원하는 자료는 찾을 수가 없었다. 자료를 수집하기 시작한 지 많은 시간이 흘렀다.

처음 시작은 경상도 사투리 사전을 만들고자 한 작업이었다. 자료를 수집하면서 경상도 사투리의 범위가 넓고 지역별로 각각의 특징을 가지고 있음을 깨닫게 되었다. 혼자서 모든 경상도 사투리를 조사하기에 한계를 느꼈다. 할 수 있는 만큼만 하자. 대구 사투리로 범위를 좁혔다.

다시 살짝 방향을 틀어 누구나 쉽게 활용할 수 있는 자료를 만들어보자는 생각이 들었다. '대구말 활용 사전'이 그것이다. 대구말 어휘를 먼저 조사하고 수집하였다. 그리고 가능한 많은 어휘의 활용을 문장으로 예시를 만들었다. 단순히 단어 사전이 아니라 단어를 활용한 문장을 예시로 넣음으로써 이용하는 독자가 쉽게 활용할 수 있도록 했다.

경상도 사투리는 크게 경남과 경북으로 나눌 수 있다. 여기서 또 여러 갈래의 특징을 찾을 수 있다.

경북은 대구를 중심으로 한 경북 남부권, 경주 포항을 중심으로 한 경북 동남부권, 영덕 울진을 중심으로 한 경북 동북부권, 안동 영주 청송을 중심으로 한 경북 북구권 등으로 크게 구분 지을 수 있다. 권역별로도 작은 지역마다 조금씩의 차이를 보인다.

경남은 부산 창원을 중심으로 한 경남 남쪽 바닷가권과 산청 함양 거창을 중심으로 한 경남 내륙권, 울산 울주의 경남 동부권 등으로 구분 지을 수 있다.

이러한 경상도 사투리를 정리하여 사전으로 구성한다는 것은 많은 시간과 노력이 필요했다. 여건상 쉽지 않은 작업임을 인지했다. 혼자서도 할 수 있다는 마음이 자만임을 깨달았다. 지금까지 수집한 자료를 묵혀두기는 아쉬웠다. 우선 대구말 활용 사전으로 방향을 튼 것이다.

경북 남부권으로 구분 지을 수 있는 대구말은 대구를 중심으로 동서남북으로 접해 있는 주변 지역을 아우르는 특징을 보인다. 청도, 영천, 경산, 군위, 고령, 구미, 김천, 칠곡을 비롯하여 경남 북부지역의 거창, 합천, 밀양, 창녕 등의 지역 사투리를 아울러 이루고 있다고 볼 수 있다.

대구가 발전하고 교통이 발달하면서 대구로 유입되는 인구가 늘어났다. 이 영향으로 예전의 대구말과 현재의 대구말의 차이가 없다고 볼 수는 없다. 어떻게 보면 경상도 사투리가 대구를 중심으로 어느 정도 표준화가 되어있다고 해도 과언은 아니다.

대구를 동서남북으로 나누어 살펴보면 동남쪽지역은 영천,

경주, 포항, 청도 등지의 인구가 유입되었다. 경북 동남부권의 사투리가 유입된 것이다. 남서쪽지역은 경남의 합천, 창녕 등지의 인구가 유입되면서 경북 서남부권과 경남 북부권의 사투리가 유입되었다. 서북쪽은 성주, 고령 지역의 인구가 유입되었고 북동쪽은 칠곡, 군위, 의성 등지의 인구가 유입되었다.

유입 초기에는 유입된 지역의 지역성이 보이며 대구가 동서남북의 언어적 차이가 있었다. 하지만 시간이 지남에 따라 대구 안에서 인구 이동이 일어나면서 대구말은 경상도 사투리를 어느 정도 아울러서 표준화 아닌 표준화가 진행되었다고 할 수 있다.

경상도 사투리는 중세 우리말의 음가가 가장 많이 남아있는 지역 사투리이다. 그래서인지는 모르겠지만 전라도, 충청도, 강원도, 제주도 그리고 북한 사투리 등 여러 지역의 사투리 중에서 경상도 사투리의 인기가 조금 더 있다.

'대구말 활용 사전'은 경상도 사투리를 총정리한 사투리 전문 사전 형태가 아니다. 대구지역을 중심으로 쓰이는 사투리를 활용과 더불어 구성하여 대구를 중심으로 한 경상도 사투리를 이해하고 활용하는 데 조금이나마 도움을 주고자 하였다.

보완을 핑계로 차일피일 미루다 보면 세상에 내놓지 못할 것 같다는 두려움이 생겼다. 차후 증보를 통한 개정판을 약속하며 부족함을 대신하고자 한다.

일러두기

경상도 사투리의 특징을 살펴보면 다음과 같다.

1. 악센트가 있다. 억양은 경상도 사투리의 가장 큰 특징이라 할 수 있다. 따라서 지역마다 억양이 많이 다르다.
'~노?'와 '~나?'를 예로 보면 억양의 차이와 의미의 차이를 볼 수 있다. 예를 들면 "니, 어디 가노?"라 물으면 여기서 '어디'는 장소를 묻는 말이 된다. 따라서 답은 "집에.", "학교에."와 같은 대답이 나온다. '~노'가 '어디'를 장소로 묻는 역할을 한다. 여기서는 말꼬리를 내린다.
반면, "니, 어디 가나?"라 물으면 여기서 '어디'는 정해진 목적지를 묻는 것이 아니라 행동을 묻는 것으로, "응"이나 "아니"로 대답한다. 여기서는 말꼬리가 올라간다.

2. 경상도 사투리는 짧다. 줄임말을 많이 사용하고 어미 생략도 많다. 말이 게으르다고 할 수 있다.

1) 기역(ㄱ)을 지읒(ㅈ)으로 발음한다.
기역(ㄱ)을 지읒(ㅈ)으로 발음하는 것이 왜 게으른 것이냐고 묻겠지만 기역보다 지읒의 발음이 편하다. 예) 김치 → 짐치, 길다 → 질다

2) 히읗(ㅎ)을 시옷(ㅅ)으로 발음한다.
히읗(ㅎ)을 시옷(ㅅ)으로 발음하는 것도 기역(ㄱ)을 지읒

(ㅈ)으로 발음하는 것과 마찬가지로 편하게 발음하기 위한 것이다. 예) 힘이 세다 → 심이 세다, 흉을 보다 → 숭을 보다

3) 받침을 생략한 말이 많다.
경상도 사투리의 가장 큰 특징 중에 하나라고 할 수 있다. 말의 게으름의 극치라고 할 수 있다. 예) 돌멩이 → 돌미, 엉덩이 → 엉디, 정신이 없다 → 정시이 없다.

4) 복모음을 단모음으로 발음한다.
경상도 사투리의 또 하나 큰 특징은 복모음을 단모음으로 발음한다는 것이다. 뿐만 아니라 앞뒤 말의 영향을 받아 모음을 단순하게 발음하는 특징을 가지고 있다.
　① ㅔ, ㅓ, ㅖ, ㅜ, ㅡ를 ㅣ로 발음함으로써 말을 할 때 혀와
　　 입술의 사용을 최소화 하는 경향이 많다.
　② ㅏ, ㅓ, ㅟ를 ㅜ로 발음한다.
　③ ㅓ, ㅕ, ㅣ를 ㅔ로 발음한다.
　④ ㅕ를 ㅐ로 발음한다.

5) 연음발음이 강하다.
이 또한 말의 게으름 중 하나로 앞 음절의 끝소리를 모음으로 시작하는 뒤 음절 첫소리에 이어서 발음한다. 어떤 사투리보다 이 현상이 두드러지게 나타난다.

6) 고어 'ㅸ' 음가가 남아 있다.
주로 ㅂ 불규칙 활용에 해당하는 단어들에서 나타나는 특

징으로 '춥다', '곱다', '눕다', '덥다' 등의 단어에서 나타난다. 각 어근에 '아', '어', '워' 등의 어미가 붙어서 '추버라', '고바라', '누버라', '더버라' 등의 형태로 나타난다.

7) 'ㄴ'이 생략된 말들이 많다.

주로 어미에서 ㄴ받침이나 마지막 글자의 ㄴ을 생략하는 경우가 많다. 우두커니를 우두커이로, 가지런히를 가지러이로, 나란히를 나라이로, 이처럼 ㄴ을 생략한 말들이 많다.

8) '죽겠다'라는 말을 많이 사용한다.

경상도에서는 말끝에 죽겠다는 말을 많이 사용한다. 추워 죽겠다. 더워 죽겠다. 맛있어 죽겠다. 좋아 죽겠다. 힘들어 죽겠다 등등. 따라서 '죽겠다'의 사투리인 '지긴다.'도 많이 사용할 수밖에 없다.

3. 경상도 각 지역마다 조금씩 다르게 나타나는 의문형 종결어미와 서술형 종결어미의 차이가 있다.

지역에 따라서 의문형 종결어미는 '~니까?'를 뜻하는 '~미꺼?', '~니껴?', '~는교?' 등이 있다. 서술형 종결어미로는 '~니다.'의 의미를 가진 '~ㅁ더.', '~미더.', '~니더.' 등이 있다.

※ 수를 헤아리는 경우 전반적인 경상도 사투리는 다음과 같다.
– 하나, 둘, 서이, 너이, 다아, 여어, 일고, 여덜, 아호, 열.

Part I

대구말 활용 사전

~가	~냐.
가	그 사람, 그 아이.
가	~서
가	~라.
가	가라.

예 가가? → 그 아이냐?

예 가가(라). → 가지고 가라.

예 가가. → 가서.

예 가가가. → 가지고 가서.

예 가 가가? → 걔가 그 아이냐?

예 가가가? → 가씨냐? (성이 가씨냐?)

예 가가 가가? → 걔가 그 아이냐?

예 가가 가가. → 걔가 가지고 가라.

예 가가 가가. → 그 아이가 가서.

예 가가가가가? → 걔가 가씨냐?

예 가가가가가. → 그 아이가 가지고 가서.

예 가가가가가가? → 그 아이가 가씨 성을 가진 그 아이냐?

가가이소 　가지고 가세요.

예 여 있심더 가가이소. → 여기 있습니다. 가지고 가세요.

가까바(버)서 　가까워서.

예 가까버서 퍼뜩 갈 수 있다. → 가까워서 빨리 갈 수 있다.

가께 　갈게.

예 얼른 가께. / 가께 잘 있거레이. → 갈게 잘 있어라.

가께목(가꾸목) 　각목.

가느다 　가늘다.

가느리하다 　가늘다.

가느다리하다	가느다랗다. 예 그 아이는 다리가 너무 가느다리하다.
가다나라	가두어놓아라. 예 도망 못 가구로 잘 가다나라. → 도망가지 못하게 잘 가두어놓아라.
가다놓다	가두어 놓다. 가둬 두다.
가다라, 가다서	가두어라, 가두어서.
가둫다	가두다. 예 송아지 소마구에 가둫고 온나 → 송아지 외양간에 가두고 오너라.
가(거)따나	가뜩이나. 예 야가 와이카노, 가따나 힘이 시 죽겠구만. → 얘가 왜 이래, 가뜩이나 신경이 쓰이는구먼.
가라라, 가라서	가려라, 가려서. 예 잘 쫌 가라바라 다 비자나. → 잘 좀 가려봐, 다 보이잖아.
가락	자루. 예 거 인는 낫 한 가락 가 온나. → 거기 있는 낫 한 자루 갖고 와라.
가래이	가랑이.
가룷다	가리다.
가리	가루.
가리느까(께)	때늦게, 뒤늦게, 이제야. 예 가리느까(께) 문 소리고? → 뒤늦게 무슨 소리야?
가리다	나누다. 예 사이좋게 갈라 무라. → 사이좋게 나누어 먹어라.
가리매	가르마.

가리치다	가리키다. 가르치다.
가마	가르마
가마	가만히. 가면.
가마이	가만히, 가마니.

예 가마이 좀 있어라마, 정신 엄꾸로 와 그래 설치노?
→ 가만히 좀 있어라, 정신없게 왜 그렇게 설치냐?

가마때기	가마니.
가마이떼기	고마리.
가매	가마.

예 가매꾼. → 가마꾼.

가무치	가물치.
가물지르다	고함치다.

예 니가 가물지르는 바람에 괴기가 다 도망가뿟짜나.
→ 네가 고함치는 바람에 물고기가 다 도망가 버렸
잖아.

가물채이	가물치.
가부리	가오리.
가분다리	진드기.
가분데	가운데.
가뿌마	가면.

예 드가뿌마 우짤라고? → 들어가 버리면 어떻게 하려
고?

가뿟다	가버렸다. 갔다.

예 지다리다 지치가 가뿟다. → 기다리다 지쳐서 가버렸
다.

가새	가위.

가세 가장자리에. 가에.
예 가세 안즈마 클 난데이. → 가장자리 앉으면 위험하다.

가시나, 가시내 계집애.

가실 가을.

가실거지 가을걷이.

가씨개 가위.

가주고 가지고.

가즉다 가깝다.
예 여서 우리 집까정은 마이 가즉다. → 여기서 우리 집까지는 가깝다.

가지러이 가지런히.

가짤다 하찮다.
예 가짜는기 와이래 까부노. → 하찮은 놈이 왜 이렇게 까불어.

가차바지다 가까워지다.

가찹다 가깝다.
예 우리 형제는 가찹게 있어가 사알디리 만낸다. → 우리 형제는 가까이 있어서 자주 만난다.

가(까)치 개비.
예 담배 한가치만 도고. 그카고 성냥까치에 불도 좀 붙이주고→ 담배 한 개비만 줘. 그리고 성냥개비에 불도 좀 붙여주고.

각구 액자.

각구목, 각기목 각목.

각중에 갑자기.
예 각중에 전화해가 미안테이. → 갑자기 전화해서 미안하다.

17

간가이	가끔.
간괴기	자반 고기(자반고등어 등).
간두다	그만두다.
	예 간가이 갖다주던 간괴기도 인자는 간도라. → 가끔 가져다주던 자반 고기도 이제는 그만둬라.
간띠(이)	간(간덩이).
간빵	건빵.
	예 이기 간띠가 붓나, 내 간빵 어데 숭캈노. → 이게 간덩이가 부었냐, 내 건빵 어디에 숨겼어.
간얼라	갓난아기.
간주(지)름하다	가지런하다.
	예 이것들을 간주름하게 정리해라. → 이것들을 가지런하게 정리해라.
간주(지)럼이	가지런히
간지리다	간지럼 태우다. 간지럽히다.
간지때이, 간짓대이	간짓대(대나무로 만든 긴 장대).
	예 간지때이로 절마 살살 간지리봐라. → 간짓대로 저 녀석 살살 간지럽혀라.
간추룸하다	가지런하다.
간추리다	가지런하게 하다.
	예 그 꺼 잘 간추리 봐라. → 거기 있는 거 가지런하게 정리해라.
갈가지	개호주(호랑이의 새끼).
갈고래이	갈고리.
갈구다	귀찮게 하다. 괴롭히다. 못살게 굴다.

갈라묵다	나누어 먹다. 예 친구들 갈구지 마고 이거나 갈라무라. → 친구들 괴롭히지 말고 이거나 나누어 먹어라.
갈라주다	나누어 주다.
갈롱내다, 갈롱지기다	멋을 내다. 예 절마는 갈롱지기는 거를 좋아한다. → 저 녀석은 멋내는 걸 좋아한다.
갈차주다	가르쳐주다, 알려주다. 예 잘 들어레이, 함만 갈차줄끼데이. → 잘 들어, 한 번만 알려 줄 거야.
갋다	가루다(맞서서 견주다). 못살게 굴다.
감가무리하다	감감하다. 예 놀로간 친구 소식이 감가무리하다. → 여행 간 친구 소식이 감감하다.
감남기, 감낭구	감나무.
갑작시리	갑작스럽게.
강내(냉)이	옥수수. 예 갑작시리 강내이를 사가 오라이 그기 먼 말고. → 갑작스럽게 옥수수를 사 오라니, 그게 무슨 말이야.
강밥	튀밥. 강냉이나 곡식을 뻥튀기한 것. 강정.
강새(생)이	강아지.
강지리	광주리.
개갑다, 개곱다, 개굽다	(무게 등이) 가볍다. 예 무거븐 줄 알았는데 개갑네. → 무거운 줄 알았는데 가볍네.
개눈까리	의안(인공 눈동자).

개똥벌개이, 개똥벌거지	개똥벌레, 반딧불이.
개비(피)다	개다. 예 빨래 거드가 차개차개 잘 개비나라. → 빨래 걷어서 차곡차곡 잘 개 놓아라.
개(깨)빨지다	가파르다. 경사가 심하다. 비탈지다.
개살궂다	심술궂다. 예 저거 바라. 개살궂게 카다가 개빨진데서 자빠졌다. → 저거 봐라. 심술궂게 하다가 비탈진데서 넘어졌다.
갤배(뱅)이	게으름뱅이.
갱분, 갱빈	냇가, 강변.
개안타	괜찮다. 예 내는 개안타마. 걱정 말그라. → 나는 괜찮다. 걱정하지 마라.
개우	겨우.
개작다	가깝다. 예 개작은 데로 약속 잡으레이. → 가까운 곳으로 약속 잡아라.
갱죽	시래기나 나물을 넣어 끓인 죽.
갱핀	개평.
갸	걔.
거	거기. 예 니가 이바구하던 기 거가? → 네가 이야기하던 곳이 거기냐? 예 거꺼정 마로 갔더노? → 거기까지 왜 갔었니?

거나여나	거기나 여기나.
	예 거나여나 다릴 기 머가 있노? → 거기나 여기나 다를 게 뭐가 있냐?
거둫다	거두다.
거(고)따구로	그 따위로.
거(꺼)뜩하마	걸핏하면.
거랑	개울, 시내.
	예 거랑가에 가면 있을 끼다. → 개울가에 가면 있을 거야.
거러지	거지.
거렁배(뱅)이	거지.
거래이	거라.
	예 잘 가거래이. → 잘 가거라.
	예 어데 가지 마고 거 있거래이. → 어디 가지 말고 거기 있어라.
거무	거미.
거슬치다	거슬리다. 비위가 상할 정도로 싫다.
거우	거위.
거채이	문제아.
	예 절마는 거채이다. 어불리지마라. → 저 녀석은 문제아다. 어울리지 마라.
건걸들다	걸신 들다.
	예 건걸든 거 맨치로 와 그라노? 천처이 무라. → 걸신 든 것처럼 왜 그러냐? 천천히 먹어라.
걸거(기)적거리다	걸리적거리다.

걸거치다
걸리적거리다.
예 걸거치지 말고 절로 좀 비끼라. → 걸리적거리지 말고 저리로 좀 비켜라.

걸깡
개울, 시내.

걸다
말이 거칠다, 투박하다.

걸다
비옥하다. 기름지다.

걸물
냇물.

걸배(뱅)이
거지.
예 걸배이 자슥이 와 저래 말이 거노? → 거지 녀석이 왜 저렇게 말이 거칠어?

걸빵
멜빵.

검처(추)리
거머리.

겅글치다
걸리적거리다.
예 겅글치지 마고 절로 안 비끼나. → 걸리적거리지 말고 저쪽으로 비켜라.

겉다
같다.
예 니 거튼 놈자테 내가 지다이. → 너 같은 놈에게 내가 지다니.

겉다리
곁다리.

게기
고기.

게내다
게우다. 토하다.

게랄
계란.
예 어지 게랄 살마 문기 언칬는지 다 게냈다. → 어제 달걀 삶아 먹은 게 체했는지 다 게워냈다.

게롬하다
갸름하다.

게살
심술.
예 아가 와 그래 게살궂노. → 애가 왜 그렇게 심술궂어.

게우	겨우.
겔('껠)배이	게으름뱅이.

예 와, 저 껠배이 자슥 아이 저카고 있나? → 와 저 게
으름뱅이 같은 놈 아직도 저러고 있냐?

계우(재우)	겨우.
계추	계.
-고	의문형 어미로 사용된다.

예 이게 누고? / 그게 뭐고? / 언제고?

고개(갠)마리	고갯마루.
고개만대(댕)이, 고개말래이	고갯마루.
고구매(미)	고구마.
고깨이, 곡깨이, 곡깽이	곡괭이.

예 고구매 캐구로 거 짜 있는 고깨이 좀 가 온나. → 고
구마 캐게 거기 있는 곡괭이 좀 가지고 와라.

고내기, 고냉이	고양이.
고단새	그사이에. 잠깐 사이에.

예 부뚜막에 자반괴기 나 돗는데 고단새 고내기가 물
고 가뿟다. → 부뚜막에 고등어자반을 놔 두었는데
그사이에 고양이가 물고 가버렸다.

고들빼이	고들빼기.
고디	우렁이.
고따구	그따위.
고따구로	그따위로. 그렇게.

예 인가이 고따구로 살마 천벌 받는데이. → 사람이 그
따위로 살면 천벌 받는다.

고랑	도랑.

고랑태이	골탕.
고롬	옷고름.
고리다	고르다. 평평하게 하다.
고마, 고만	그만.
	예 고마 때리치아뿌라. → 그만 포기해라. 그만해라.
고마이다	그만이다.
고매	고구마.
고무딱개	지우개.
고시내, 고시래	고수레.
고시다, 꼬시다	고소하다.
고시라이	고스란히.
	예 니가 맘보를 잘못 쓰이끼네 손해가 고시라이 니자 테 오자나 이놈아! 그거 꼬시다. → 네가 마음을 잘 못 쓰니까 손해가 고스란히 너에게 오잖아, 이 녀석 아! 그것 고소하다.
곡감	곶감.
곡개이, 곡깨이, 곡깽이	곡괭이.
곡석	곡식.
곧다	곱다. 손가락, 발가락이 얼어서 감각이 없는 상태.
골개이	고리.
골백분	골백번.
	예 곡깨이는 골개이를 맹그러가 걸어 노라꼬 골백분도 더 이바구했자나. → 곡괭이는 고리를 만들어서 걸 어 두라고 골백번도 더 얘기했잖아.

곰배	고무래. 떡메.
곰패이	곰팡이.
곱사디이	곱사등이.
곱새	꼽추.
곳깨이	곡괭이.
공구다	괴다. 상대를 괴롭히다(때려 눕히다).

예 안구불러 내리오게 잘 공가나라. → 안 굴러 내려오게 잘 괴어놓아라.

공구리(치다)	콘크리트(치다).
공기다	곪다.

예 어제 공구리치다가 살째기 끌킷는데 이마이나 공깄다. → 어제 콘크리트 작업하다가 살짝 긁혔는데 이만큼이나 곪았다.

공꺼다(공끼다)	공짜다.
괴기	고기.
구녕	구멍.
구더리	구더기
구데(디)기	구더기.
구둔(둥)살	굳은살.
구둘목	구들목. 아랫목.
구디, 구디기	구덩이.

예 저짜 구디 함 바라 구더리가 버글버글하다. → 저기 구덩이 한번 봐. 구더기가 바글바글하다.

–구로	~도록. ~게. ~ㅎ게.

예 하구로 / 가구로 / 먹구로 / 보구로.

구루마	수레의 일본말(경상도에서 많이 사용함).

구리무	몸에 바르는 로션(크림의 일본식 발음).
구리(이)	구렁이.
구무	구멍.
구부러지다	넘어지다. 예 까딱하마 구부러질 뿐 했다카이. → 자칫하면 넘어질 뻔했다니까.
구불다	구르다.
구시다	구수하다.
구실	구슬.
구케	개흙. 예 구케구디 구불러도 이승이 낫다. → 개흙 속에 굴러도 이승이 낫다.
국시	국수.
군닙질	군것질.
군둥내	군내. 예 짐치가 벌씨로 군둥내가 난다. → 김치가 벌써 군내가 난다.
군지렁거리다	구시렁거리다.
굴리다	구르다. 발을 구르다.
굼게(기)	구멍.
굼불다	뒹굴다.
궁디이	궁둥이. 예 궁디이 찔기다. → 궁둥이가 무겁다(눌러앉아서 좀처럼 일어나지 않는다).
귀꾸녕	귓구멍.

귀퉁배기, 귀퉁배(뱅)이	귀싸대기.
귀채이	귀지(귀에지).
귀티이	귀퉁이.
그기사	그거야.
그기이따나, 그긴따나	그것이나마.
그까(이)꺼	그까짓 거.
그단새	그 사이에. 잠깐 사이에. 예 쪼매마 지다리라카이 그단새 가뿌고 없노. → 조금 만 기다리라니까 그새 가고 없냐.
그따구	그따위. 예 그따구로 자꾸 캐사마 가마이 안둔데이. → 그따위 로 자꾸 하면 가만히 안 둔다.
그래(카)고 보이	그러고 보니. 예 그라고 보이 우리 차말로 오랜마이네. → 그러고 보 니 우리 정말 오랜만이네.
그라다	그리하다.
그라마	그러면.
그래(러)이끼네	그러니까. 예 그라이끼네 니가 그라마 안된다카이. → 그러니까 네가 그러면 안 된다니까.
그랄끼다	그렇게 할 거다.
그래가	그래서, 그리하여.
그러쿰, 그러쿠롬	그 정도로, 그렇게.
그럭, 그륵	그릇.

그렁지	그늘.
	예 밥그륵 잘 덮어가 그렁지에 나두라꼬 그러쿠롬 이 바구 했는데 멀로 들었노? → 밥그릇 잘 덮어서 그 늘에 두라고 그렇게 이야기했는데 도대체 무슨 말 을 들었어.
그리	그렇게.
그자?	그렇지?
그짜(아)도	그쪽에도.
그카이끼네	1. 그렇게 하니까.
	예 내가 그카이끼네 글마가 확 밀치뿌데. → 내가 그렇 게 하니까 그 녀석이 확 밀치더라.
	2. 그렇게 이미 말했잖아
	예 어제 내가 그카이끼네 니가 안 믿었짜나. → 어제 내 가 그렇게 이미 말했는데 네가 안 믿었잖아.
그캐가	그래서. 그렇게 말해서.
그캐도 싸다	그렇게 해도 억울할 것이 없다.
	예 니는 그캐도 싸다. → 너는 그렇게 해도 억울할 것이 없다.
그케	그러게. 상대방의 주장에 맞장구칠 때의 표현
	예 그케 말이지.→ 그러게 말이야.
근거럽다	근지럽다.
근거이	겨우.
	예 근거이 따라잡았네. → 겨우 따라잡았네.
근지럽다	간지럽다.
근질다	긁다.
근치다	그치다.

글거치다	걸리적거리다. 예 글마 차말로 글거치네. → 그 녀석 정말 걸리적거리네.
글마	그 녀석, 그 자식.
글케	그러게, 그러니까.
글키다	긁히다.
기(귀)경	구경.
기꾸도 안 한다	1. 간에 기별도 안 간다. 예 그거 무가꼬는 기꾸도 안 한데이. → 그렇게 먹어서는 간에 기별도 안 간다. 2. 들은 체 만 체 대꾸도 없다. 예 그 자슥은 기꾸도 안하노. → 그 녀석은 들은 체 만 체 대꾸도 없냐.
기냥	그냥.
기노?	길어? 예 와 이래 기노? → 왜 이렇게 길어?
기러버가(서)	그리워서. 귀해서. 예 오매가 너무 기러버가 눈물이 난다. → 어머니가 너무 그리워서 눈물이 난다.
기럭지	길이.
기럽다	귀하다, 아쉽다.
기리다	(코를) 골다. 그리다(그림 따위를). (칼로) 긋다. (성냥을) 긋다. 예 기림을 기리다 잠 들어가 코까지 기리고 기리 논 기림 확 기리뿌라. → 그림을 그리다 잠들어서 코까지 골고 그려 놓은 그림 칼로 확 그어 버려라.
기빵매이	귀싸대기.

기쑤시개	귀이개.
기지바	계집애.
기집	계집.
기짝	궤. 궤짝. 예 저 기지바 기쑤시개 좀 찾아달라했디 다부로 기짝에 숭카놓고 지랄이고. → 계집애가 귀이개 좀 찾아 달라 했더니 도로 궤짝 안에 숨겨놓고 있어.
기추	계, 계모임.
기티	귀퉁이. 구석.
까꾸리, 까꾸레이	갈퀴.
까끄랍다	깔끄럽다.
까디비다	까뒤집다. 예 옷 안에 뭐가 있는지 까끄러버 죽겠다. 옷 벗어 줄 끼이끼네 까디비가 좀 털어나라. → 옷 안에 뭐가 있는지 깔끄러워 미치겠다. 옷 벗어 줄 테니 까뒤집 어서 좀 털어 줘.
까딱하마	자칫하면.
까래비다	1. (땅 따위를 손이나 호미 등을 사용하여) 여 기저기 얕게 파다. 긁다. 예 호미까 살살 까래비 놔라. → 호미로 살짝 긁어 놓 아라. 2. 할퀴다, 긁다. 예 니 손톱에 까래비키가 피난다. → 네 손톱에 할퀴어 져서 피가 난다.
까마구	까마귀.
까문대다	까뭉개다.

까묵다	까먹다.
	1. (돈 따위를) 써 버리다.
	예 니 갖고 있는 돈까 우리 까 묵자. → 너 가지고 있는 돈으로 우리 뭐 좀 사 먹자.
	2. 잊어버리다.
	예 너그들 숙제 까묵지 말고 다 해 온나. → 너희들 숙제 잊어버리지 말고 다 해서 와라.
까부라지다	줄어지다. 줄어들다.
	예 이자 일이 좀 까부라지네 → 이제 일이 좀 줄어드네.
까부리다	키질하다.
까시래기	가시랭이. 거스러미.
	예 손 까시래기. → 손톱 거스러미.
까자	과자.
까재	가재.
까지꺼	그까짓 거.
까치	개비.
	예 성냥까치. → 성냥개비.
까풀막지다	가파르다.
	예 고개만데이로 갈라카이 길이 디기 까풀막지네. → 고갯마루로 가려니까 길이 너무 가파르네.
깍단	마을의 한쪽.
	예 웃깍단 아래깍단 → 윗동네 아랫동네.
깍재이	깍쟁이.
깐얼라	갓난아이.
깐채이	까치.
깔비	솔가리(소나무 낙엽).

깔삼하다	날씬하다.
깜디	검둥이. 얼굴이 검은 사람을 일컫는 말.
깜상	얼굴이 검은 사람을 비유적으로 일컫는 말.
깜장	검정. 예 깜장콩. → 검정콩.
깝치다	재촉하다. 예 지금 하고 있자나 좀 깝치지마라 → 지금 하고 있잖아, 재촉하지 마라.
깡살	트집.
깨곰, 깨금	개암. 개암나무 열매.
깨곰발	깨끼발(한 발을 들고 한 발로 선).
깨구래이	개구리.
깨꿈받다	깨끗하다, 깔끔하다.
깨배다	1. 깨우다. 2. 패를 까다. 패를 내보이다. 예 니 동생 좀 깨배라. 깨꿈받게 해가 할무이 집에 가구로. → 너 동생 깨워라. 깔끔하게 해서 할머니 댁에 가게.
깨배라	깨워라.
깨빨(팔)지다	가파르다, 비탈지다, 경사가 심하다.
깨양	고염.
깨을밧다, 깰밧다	게으르다. 예 깰밧게 그카지마고 퍼뜩퍼뜩 움직이라. → 게으름피우지 말고 빨리빨리 움직여라.
깨이	괭이.
깨치미	고비(고사리와 비슷하게 생긴 산나물).
깨치발	깨끼발(한 발로 선 상태).

깰배(뱅)이	게으름뱅이.
꺼깨이(꺼시이)	지렁이(회충).
꺼꾸리	거꾸로.
꺼떡하마	걸핏하면. 예 저 짜슥은 꺼떡하마 내자테 시비데이. → 저 녀석은 걸핏하면 나한테 시비다.
꺼무티티하다	거무튀튀하다.
꺼시름	그으름.
꺼실리다	그을리다. 예 거 바라 불장난 하이끼네 눈썹이 꺼실리지. → 그것 봐라 불장난하니까 눈썹이 그을리지.
꺼정	까지. 예 퍼뜩퍼뜩 준비 안 하고 여태꺼정 머하고 자빠졌노. → 빨리빨리 준비 안 하고 아직까지 뭐하고 있냐.
꺼주다, 꺼줏타	꺼뜨리다.
꺼지기	거적. 담요.
꺼풀	껍질.
꺽더구	꺽지(물고기).
껀디(이), 껀디기	건더기.
껄다, 껌다	긁어모으다. 예 뒷산에 깔비 껌어러 가자. → 뒷산에 솔가리 긁어모으러 가자.
껄키다	긁히다.
껍디기	껍데기.

33

꼬개이	고갱이. 심.
	예 뱁차꼬개이. → 배추 고갱이(배춧속의 한가운데에서 올라오는 심).
꼬개꼬개	꼬깃꼬깃.
	예 꼬개꼬개 숭카논 니 비상금 좀 꺼내바라. → 꼬깃꼬깃 숨겨놓은 네 비상금 좀 꺼내 봐라.
꼬꼬부리하다	꼽꼽하다. 꿉꿉하다.
꼬내기	고양이.
꼬다리	꼬투리.
꼬라지	꼴(모양), 꼬락서니.
	예 꼬라지 하고는! 꼬라지가 거기 머고? → 꼬락서니 하고는, 꼴이 그게 뭐냐?
꼬랑대기, 꼬랑대이	꼬리.
꼬래비	꼴찌.
꼬롬하다	음흉하다.
꼬리(꾸리)하다	1. 구린내가 난다.
	예 와 냄새 차말로 꾸리꾸리하네. → 냄새 지독하다.
	2. 생각 따위가 불순하다.
	예 니는 하는 생각이 와 그래 꼬리하노? → 너는 생각이 왜 그렇게 불순하냐?
꼬매다	꿰매다.
꼬바리	꼴찌.
꼬불치다	숨기다.
꼬시다	고소하다.
	예 지혼자 꼬불치노코 묵디마는 언치가 잘 한다. 꼬시다 이놈아! → 자기 혼자 숨겨놓고 먹더니 체해서는, 고소하다. 이 녀석아!

꼬장	고추장.
꼬장가리, 꼬장갱이, 꼬쟁이, 꼬재이	꼬챙이.
꼬장부리다, 꼬장대다	심술을 부리다, 애먹이다. 예 저 자슥은 와 내만보마 몬 자바무가 꼬장부리는지 몰겄다. → 쟤는 왜 나만 보면 못 잡아먹어서 심술 부리는지 모르겠다.
꼬장주(우)	고쟁이.
꼬지르다	고자질하다.
꼬질러바치다	고자질하다. 예 사나 자슥이 뭐 할 끼 엄써가 꼬질러 바치고 안잤 노? → 남자가 치사하게 고자질이나 하고 있냐?
꼬치	고추.
꼬타리	꼬투리.
꼭감	곶감. 예 꼭감 꼬타리 잘 빼고 무라. → 곶감 꼬투리 잘 빼고 먹어라.
꼭깨이	곡괭이.
꼭두배기, 꼭두배이	꼭대기.
꼭따리	꼭지. 예 꼬치 꼭따리 좀 따라 해노이 다 해 논 콩 꼬타리는 와 털고 있노? → 고추 꼭지 좀 따 놓으라 했더니 다 해 놓은 콩 꼬투리는 왜 털고 있니?
꼰	고누.
꼴	풀(가축 사료용으로 베어 놓은 풀).

꼴랑	겨우.
	예 꼴 쫌 비노라 캤더니 꼴랑 그거 빼이 몬 핸나? → 풀 좀 베어 놓으라 했더니 겨우 그것밖에 못 했냐?
꼴빼이, 꼴삐	꼴찌.
꼴시보다	꼬나보다. 노려보다.
꼼바리, 꼼빼이, 꼼삐	꼴찌.
꼽새	곱사등이. 곱추.
꽁	꿩.
꽁개	공기놀이.
	예 친구들캉 꽁개했는데 내가 꼼빼이했다. → 친구들이랑 공기놀이했는데 내가 꼴찌 했다.
꽁다리	꽁지. 꼬투리.
꽤악질	구역질.
꾸개다	구기다.
꾸구리다, 꾸부리다	구부리다.
꾸룸하다	1. 끄무레하다. 2. (기분이나 몸 상태가) 별로 좋지 않다.
꾸룽내	구린내.
꾸마	~게.
	예 이거 다 맹글고 나마 니 주꾸마. → 이거 다 만들고 나서 너 줄게.
꾸무리하다	날씨가 흐리다.
꾸젓	굴젓.
꾸중물	구정물.

꿀밤	도토리.
꿉꿉하다	눅눅하다.
	예 꾸중물 속에서 꿀밤을 건짓는데 꿉꿉하이 영 파이다. → 구정물 속에서 도토리를 건졌는데 눅눅한 게 영 별로다.
끄내끼	끈. 끄나풀.
끄(끈)티(이)	끝. 끝에.
끈트머리	끝. 끝에.
끌빨	끗발.
끼	게.
끼다	거다.
	예 자, 이거는 니 끼다. → 자, 이건 네 거다.
끼리다	끓이다.
끼미	꾸미.
낑구다	끼다. 끼우다.
낑기다	끼이다.

−나	−느냐? −(으)냐? 예 가나 → 가느냐? / 춥나 → 추우냐? / 미칫나 → 미 쳤냐?
나	나이. 예 나만 사람. → 나이 많은 사람. 예 나만타꼬. → 나이 많다고.
나나묵다	나누어 먹다.
나나주다	나누어 주다.
나댕기다	나다니다.
나뚜다	내버려두다. 그냥 두다.
나라이	나란히. 예 나라이 가는 저 모습이 얼매나 보기 좋노 가마이 나 또라. → 나란히 가는 저 모습이 얼마나 보기 좋으 냐. 가만히 내버려 둬라.
나락	벼.
나리다	나르다.
나무	남의.
나무꺼	남의 것.
나살	나잇살.
나서다	낯설다. 예 나살이나 처묵고 그카지 마라 나서다. → 나잇살이 나 먹어서 그러지 마라. 낯설다.
나서다	출발하다.
나아	놓아. 예 나아믹이다. → 놓아먹이다(풀어서 막 기르다).
나안날	나흗날.
나알	나흘.

나주, 나제	나중에.
낙수	낚시. 예 나제 내캉 낙수나 가자. → 나중에 나랑 낚시나 가자.
날라가다	날아가다.
남개	나무.
남사, 남세	남우세. 예 나살이나 무 가꼬 남세시럽게 그기 먼 짓이고? → 나잇살이나 먹어서 남우세스럽게 그게 무슨 짓이냐?
남수밭	남새밭.
남이사	남이야.
납닥하다	납작하다.
납딸개다	납작하게 하다. 예 병따까리를 돌삐로 납딸갰다. → 병뚜껑을 돌로 납작하게 만들었다.
낫끼	낫게.
낭개	나무.
낭구	나무.
낭구다	남기다. 예 밥 낭구지 마고 다 무그레이 → 밥 남기지 말고 다 먹어라.
내그랍다	냅다(연기 등으로 눈이나 목이 쓰라린 느낌이 있다).
내나	이미 말했듯이. 이미 말한 대로. 역시. 예 내나 그러타 카이 와 자꾸 카노? → 이미 말한 대로 그렇게 되었다니까 왜 자꾸 그러나?
내다	내놓다. 곡식 같은 것을 팔다. 또는 팔려고 내놓다.

내동개이치다	내동댕이치다.
내도록	내내. 줄곧.
내리	내려 예 내리놓다 → 내려놓다. / 내리가다 → 내려가다. / 내리다보다 → 내려다보다.
내리	계속.
내미	냄새.
내비나뚜다	내버려두다. 그냥 두다.
내비두다, 냅뚜다	내버려두다. 그대로 놔두다.
내빼다	도망치다. 예 계우 내미 때메 내뺄라고? → 겨우 냄새 때문에 도망치려고?
내빼(삐)리다	내버리다. 버리다.
내우간에	내외간에.
낼	내일.
냅두다	내버려 두다.
냉중에, 냉주	나중에. 예 절마는 냉중에 큰 인물이 될끼다. → 저 녀석은 나중에 큰 인물이 될 거야.
너그	너희. 너.
너가배, 너가부지	네 아버지. 너희 아버지.
너거매, 너검매	너희 엄마. 네 어머니.
너매	너머. 예 저 너매는 뭐가 있을까? → 저 너머에는 무엇이 있을까?

너무	남의.
	예 너무 꺼 자꾸 탐내고 그카지 마라 → 남의 거 자꾸 탐내지 마라.
너불때	꽃뱀. 유혈목이.
널널하다	넓다. 널찍하다.
널쭈다	떨어뜨리다.
	예 가마이 안 이시마 널짜뿐데이 → 가만히 안 있으면 떨어뜨린다.
널찌다	떨어지다.
	예 가마이 안 이시마 널찐데이 → 가만히 안 있으면 떨어진다.
널치	몸살.
널쿠다	넓히다.
널판때기	널빤지.
넘	남.
넘구다, 넝구다	넘어뜨리다, 넘기다.
	예 머이 넝구는 사람이 이기는 기데이. → 먼저 넘어뜨리는 사람이 이기는 거다.
넘구치기	넘겨짚기, 넘어뜨리기.
넘구치다, 넝구치다	넘어뜨리다.
넘사시럽다	창피스럽다. 남우세스럽다.
넙더그리하다	넓적하다.
	예 그 자슥 얼굴이 넙더그리하이 달덩이 같네. → 그놈 얼굴이 넓적한 것이 달덩이 같네.
−노	−느냐? −(으)냐? 의문형 종결어미로 사용.
	예 머 하노? → 뭐 하냐? / 머라 카노? → 뭐라고 말하느냐? / 어데 가노? → 어디 가냐?

ㄴ

43

노나	나눠.
노누타	나누다.
노다지	항상, 늘.
	예 니는 노다지 먹을 생각빼이 안하제? → 너는 항상 먹을 생각밖에 안 하지?
노랑각시	노래기.
노랑내	노린내.
노래(랭)이	노랑이, 구두쇠.
노리	노루.
노리끼리하다, **노리땡땡하다**	노르스름하다.
노상	늘, 항상.
	예 노상 그런거마 무이끼네 얼굴이 노리끼리하잖아. → 늘 그런 것만 먹으니까 얼굴이 노르스름하잖아.
노숭	천둥소리(뇌성). 벼락.
노쿠다	녹이다.
노푸다	높다.
	예 자는 노상 노푸다라이 올라 안자가 머 하는지 몰겠다. → 쟤는 늘 높다랗게 올라앉아서 뭘 하는지 모르겠다.
녹그륵	놋그릇.
녹디	녹두.
논(농)가	나눠.
	예 이거 가가가 친구들캉 잘 농가 무라. → 이거 가지고가서 친구들과 나눠 먹어라.
논(농)가르다	나누다.
논고디(이)	우렁이.

논도가리	논배미. 예 엔날에는 논도가리에서 논고디 마이 자바서 농갈라 묵고 그랬는데. → 옛날에는 논배미에서 우렁이를 많이 잡아서 나눠 먹고 그랬는데.
논뚜룩	논두렁.
놀개이	노루. 예 저짜 논뚜룩에 놀개이 띠간다. → 저쪽 논두렁에 노루가 뛰어 간다.
놈패이	놈팡이.
농띠이	농땡이.
누	누구.
누룽밥	누룽지.
누리(뉘리)끼리하다	누르께하다.
누부, 누(우)	누나. 예 누부야 저짜 놀개이 띠간다 함 바라 → 누나 저쪽에 노루가 뛰어간다. 한번 봐라.
누삐다	(똥,오줌을) 누다.
누지리다	누르다.
눈까리	눈, 눈동자. 예 눈티 근지러버가 살째기 누지릿디마 눈까리 티 나올라칸다. → 눈두덩이 간지러워서 살짝 눌렀더니 눈동자가 튀어나오려고 한다.
눈꼽	눈곱.
눈꼽재이	눈곱.
눈떠부리	눈 주위.
눈시불	눈시울.

눈티, 눈탱이	눈두덩.
뉘비	누에.
느까	늦게. 예 가리느까 뭐하노 자빠졌노? → 뒤늦게 뭐하냐?
늘구다, 늘게다	늘이다.(길이를 길게 하다)
늘그이	늙은이. 늙으니.
늘쿠다, 늘케다	늘리다.(부피를 크게 하다) 예 땡기가 늘게지 마고 뚜디리가 널케라꼬! → 당겨서 늘이지 말고 두드려서 늘리라고!
늘푼수	늘품. 예 늘푼수 엄따 → 늘품 없다.
능구리	능구렁이
능글밪다	능글맞다.
늦싱기	늦심기(늦은 모심기).
니	너. 예 야, 이 자슥아 이기 니끼가? → 야, 이 녀석아 이게 네 거냐?
니끼가	네 거냐?
니라라	내려라.
니비이불	누비이불.
니아까	리어카. 예 니아까에 니비이불 실어논 거 좀 니라라. → 리어카에 누비이불 실어놓은 거 좀 내려라.
니이미, 니기미	젠장, 제기랄.
니일	내일.
니캉내캉	너하고 나하고, 너랑 나랑.

| 닙히다 | 눕히다. 누이다. |
| 닝닝하다 | 1. 밍밍하다. 2. 느끼하다. |

다	모두, 전부. 예 만타 카디 이기 다가? → 많다고 하더니 이게 전부야?
다구리	뭇매.
다구지다	다부지다.
다담시리, **다듬시리**	실수 없이 꼼꼼히. 예 자는 일을 차말로 다담시리 다구지게 한데이. → 쟤는 일을 참 꼼꼼히 다부지게 한다.
다리(이)	다른 사람.
다리깨	다래끼.
다리몽대(댕)이	다리.
다리인다, **다린다**	단 음식 같은 것을 먹고 난 후 속이 울렁거린다. 예 다리는 괜안은데 와 니만 속이 다린다꼬 난리고. → 다른 사람은 괜찮은데 왜 너만 속이 울렁거린다고 난리냐.
다린	다른.
다무리다	(입을) 다물다.
다문	다만. 예 다문 쪼매라도 조 봐라. → 다만 조금이라도 줘라.
다부, 다부로	도로, 다시. 예 다알날라 하지 마고 다부로 온나. → 달아나려고 하지 말고 다시 와라.
다알나다	달아나다.
다이	받침. 대.
다이다이다	비기다, 비등비등하다, 엇비슷하다.
다황	성냥.
닥게기	닭고기.

닥베실	닭의 볏.
단다이, **단디(이)**	단단히, 실수하지 말고 제대로(확실히). 例 어설푸게 카지말고 단다이 챙기가 갔다온나. → 어 설프게 하지 말고 단단히 챙겨서 갔다 와라.
단술	식혜. 감주.
달가지	다리.
달갈	달걀.
달개다	달래다.
달구새끼	닭. 병아리. 例 저노무 달구새끼가 남수밭을 까래비가 절단을 내났 네. → 저놈의 닭이 채소밭을 할퀴어서 엉망으로 만 들어 났네.
달구장	닭장.
달구지	다리.
달굿집	달집(정월대보름날 태우기 위해 섶 등으로 집 모양으로 만든 것).
달내이	달래.
달라빼다	달아나다(도망치다). 例 같이 달내이 캐러 가자카이 어데로 달라뺄라 카노? → 함께 달래 캐러 가자니까 어디로 도망치려고 하 니?
달달하다	달다.
달삭하다	달짝지근하다.
달아노타	물건 따위를 외상으로 가져가는 것. 例 아지매 소주 한 빙 달아 노이소. → 아주머니 소주 한 병 외상입니다.
달알	계란, 달걀.

ㄷ

담부락(랑)	담, 담벼락.
담삐락	담, 담벼락.
당그래	고무래.
당글어 매다	움직이지 못하게 매다.
당새기, 당새이, 당시기	고리(키버들의 가지나 대오리 따위로 엮어서 상자처럼 만든 것).
대갈빼기, 대갈빼이	머리. 예 니 대갈빼기에 이고 있는 당시기에 머 들었노? → 너 머리에 이고 있는 고리에 뭐 들어있니?
대개이	대(초본식물의 줄기).
대궁	대(초본식물의 줄기).
대낄이다	최고다(좋다).
대럼	도련님. 예 대럼 퍼뜩 일나이소 꼬치밭에 꼬치대개이 뽑으러 가야됨미더. → 도련님 빨리 일어나세요. 고추밭에 고춧대 뽑으러 가야됩니다.
대리미	다리미.
대이다	닿다.
대지비	대접. 예 대지비 그거 아들 손에도 대이구로 낮은 자리에 나또라. → 대접 아이들 손에 닿는 낮은 곳에 놔둬라.
댕기다	다니다. 당기다. 예 살째기 댕기러 왔다. → 살짝 다니러 왔다.
더더부리	말더듬이.
더더부리하다	더듬더듬하다.
더듬수	얄팍한 수, 꼼수

더부	두부.
더분다나	더군다나, 더구나.
더우	더위.
더우더나	더욱이나.
더터온나	주위를 잘 살펴 가며 흔적을 따라서 천천히 오너라.
더푸다, 데푸다, 데파다, 데피다	데우다, 덥히다. 예 찌개 국물 쪼매마 더파(데파) 주이소. → 찌개 국물 조금만 데워 주세요.
덕시기	멍석.
덤부래기	덤불.
덤티기	덤터기.
덧정없다	더이상 하기 싫다, 질색이다, 정 떨어지다.
덩개	등겨.
덩거리	덩어리.
데덩키다	들키다. 예 너검마자테 데덩키지 말고 몰래 온네이 → 네 어머니에게 들키지 말고 몰래 와라.
데라지다	되바라지다.
데부다주다	데려다주다.
데불고가다	데리고 가다.
데푸다	데우다.
델꼬가다	데리고 가다.
델따주다	데려다주다.
도고, 도오	다오. 주라. 줘.

도구	도랑. 물골.
	예 도래 밭에는 도구를 잘 파 나야 도래가 잘 큰다. → 도라지밭은 도랑을 잘 파야 도라지가 잘 자란다.
도래	도라지.
도배기	되, 됫박.
	예 니 정지에 가가 도래 껍디기 까 논 거 한 도배기만 퍼가 온나 → 너 부엌에 가서 도라지 껍질 벗겨 놓은 거 한 됫박만 퍼 와라.
도시	도대체.
도오	(물)동이.
도지다	덧나다. 병이 재발하다.
도째비	도깨비.
도치	도끼.
	예 도치질 하는데 물도오 이고 지나가면 우짜노. → 도끼질하는데 물동이 이고 지나가면 어떻게 해.
도토라지	명아주.
독새	뚝새풀.
돈내기, 돗내기	도급(일정한 기간이나 시간 안에 끝내야 할 일의 양을 도거리로 맡거나 맡김).
돈(돌)내이	돌나물. 돗나물.
돌개	도라지.
돌까리	시멘트.
	예 이자부터 돌까리 한 니아까 옮기나라 돈내기다. → 지금부터 시멘트 한 리어카 옮겨 놔라, 도급이다.
돌담부(비)락	돌담.
돌디(이)	돌덩이.
돌미(이)	돌맹이.

돌삐	돌.
돌짜구	돌쩌귀.
돔배기	상어고기를 토막으로 썰어 놓은 것.
동가리, 똥가리	동강, 토막.
동개다	쌓아올리다.
동개동개	차곡차곡. 예 거 남은 똥가리들은 동개동개 잘 동개나라. → 거기 남은 토막들은 차곡차곡 잘 쌓아 두어라.
동글배이, 똥글배이	동그라미.
동상	동생.
동세	동서.
동테	굴렁쇠, 바퀴.
되렴, 대럼, 디럼	도련님(시동생을 부를 때 쓰는 말).
두디이, 두디기	포대기. 예 우리 대럼이 아직 얼라라서 두디기에 업고 일한다. → 우리 도련님이 아직 애기라서 포대기에 업고 일한다.
두루막, 두루매기, 둘막	두루마기.
두불일	두벌일(일이 잘못되어 두 번 하는 것을 말함)
두지	뒤주. 예 영조는 사도세자를 두지에 가다가 지깄다. → 영조는 사도세자를 뒤주에 가둬 죽게 했다.
둥구리	나무그루터기, 장작 등의 땔감을 이름.
둥지리	둥우리.

ㄷ

뒤안, 뒤안간, 뒤앙깐	뒤꼍. 집 뒷마당.
드가다	들어가다.
들따보다	1. 들여다보다. 예 니 동생 아푸다는데 지나는 길에 잠깐 들따바라. → 네 동생 아프다던데 지나는 길에 잠시 들여다봐라. 2. 방문하다. 예 이렇게 들따바 주시서 고맙심더. → 이렇게 방문해 주셔서 감사합니다.
들리다	들르다.
등개	등겨.
등더리, 등어리	등. 예 일로 와가 덩더리 좀 끌거 도고 근지러버 죽겠다. → 이리 와서 등 좀 긁어 줘. 간지러워 죽겠다.
등떠분소리	뜬금없는 소리, 얼토당토않은 소리.
등천이다	(좋지 않은 냄새 따위가) 주위를 온통 뒤덮는다.
디기	되게.
디다	데다. 되다(1. 힘들다. 2. 밥, 반죽 따위의 물기가 좀 모자라는 상태). 예 올만에 일 쫌 해따꼬 디기 디네. → 오랜만에 일 좀 했다고 되게 힘드네.
디디하다	멍청하다.
디럼	도련님.
디립따, 디릿따	들입다. 막무가내로. 예 절마 맘에 안드는데 디립따 갖다 박아 뿌까? → 저 녀석 마음에 안 드는데 들입다 갖다 박아버릴까?
디비	두부.

디비다	1. 뒤적거리다.
	예 디비지마라 좀 → 뒤적거리지 마라 좀.
	2. 뒤집다.
	예 디비 놓지 마라 좀. → 뒤집어 놓지 마라 좀.
디비자다	누워자다.
디비지다	뒤집어지다.
디에	나중에.
디이다	데다.
	1. 끓는 물이나 불 등으로부터 화상을 입다.
	2. 일에 염증을 느끼다.
	예 글마는 여자자테 디이가 다시는 연애 안 한다 카더라. → 그 녀석은 여자한테 데여서 다시는 연애 안 한다고 하더라.
디티	등신, 바보.
딘장	된장.
딩개(기)	등겨(쌀, 보리 등 곡식을 도정할 때 생기는 껍데기를 포함한 곡식 분).
–따	–에. –에다.
	예 거따 → 거기에다. / 요따 → 요기에다. / 어따 → 어디에.
따개다	쪼개다.
따구	따귀. 뺨따귀.
따구	따위.
따까리	뚜껑, 딱지.
	예 맥주병 따까리 좀 따주라. → 맥주병 뚜껑 좀 따줘.
	예 따까리 안즌 데 끌찌마라 도진다. → 딱지 앉은 데 긁지마라 덧난다.
따께이	뚜껑.

ㄷ

따룻타	퍼붓다. 예 먼 비가 이리도 따랏샀노 → 무슨 비가 이렇게나 퍼붓나.
따문따문	드문드문.
따박따박	아장아장. 따지는 모양(말대꾸 등을 할 때 쓰기도 함). 예 어데 버르장머리 없이 따박따박 말대답이고. → 어디 버릇없이 말대꾸를 하고 있어.
따배이	똬리. 뚜껑.
따수다	데우다.
따시다	따뜻하다. 예 어제 먹던 국을 따사 노으이 따시하이 좋네. → 어제 먹던 국을 데워 놓으니 따뜻한 게 좋다.
따알(딸)	딸기.
딸따리	슬리퍼.
땀떼(띠)기	땀띠.
땅따리하다	땅딸막하다. 키가 작아 땅에 붙은 것 같음을 빗대어 부르는 말. 예 땅따리 한 기 좀 엉기 붙지 마라. → 땅딸막한 놈이 좀 엉겨 붙지 마라.
땅따묵기	땅뺏기. 정한 땅에서 각자의 말을 튕겨 가는 대로 금을 그어서 땅을 뺏는 놀이의 한 가지.
때기	딱지.
−때(띠)기	댁(택호 뒤에 붙이는) 예 밀양띠기 → 밀양댁. / 대구때기 → 대구댁.
때기치다	팽개치다. 내동댕이치다.
때깔	겉모양.

때깔나다	훌륭하다. 보기 좋다.
때꺼리	끼닛거리.
때메	때문에.

例 어릴 때 때꺼리 때메 늘 고민이 많았다. → 어릴 때 끼닛거리 때문에 항상 고민이 많았다.

땐땐무지	자린고비.
땡구라타	동그랗다.
땡때부리하다	키가 작음을 빗대어 부르는 말.
땡때(땡)이치다	수업이나 일 따위를 빼먹다.
땡빛	땡볕.
땡삐	땅벌.
떠리미	떨이.
떨가뿟다	놓쳤다.

例 시장에 떠리미 하는 거 사러 갈라 캤는데 버스를 떨가뿌가 몬갔다. → 시장에 떨이 제품 사러 가려고 했는데 버스를 놓쳐서 못 갔다.

떨굿타	떨어뜨리다. 놓치다.
떨빵하다	얼뜨다.
떨어지다	옷이 해지다.
떼, 뗏장	잔디.
떼거지, 떼까리	떼거리.
똑띠(이)	똑똑히. 똑똑한 사람.
똘마이	똘마니.
똥가르다	나누다. 동강 내다.

똥가리	토막. 나무 동강.
	예 저짜 있는 나무 갖다가 똥가리로 똥갈라 나라. → 저쪽에 있는 나무 가져다 토막으로 잘라 놓아라.
똥개이	토막. 동강.
똥골배(뱅)이	동그라미.
똥 누럽다	똥이 마렵다.
똥자바리	항문.
	예 똥 누러버 죽겠구만 변소가 억수로 머네. 똥자바리에 힘 팍 주고 가야겠다. → 똥이 마려운데 화장실이 너무 멀리 있네. 항문에 힘 팍 주고 가야겠다.
똥추마리	똥장군(변소 등을 치울 때 사용하는 용기).
뚜디리다	두드리다.
뚜루박	두레박.
뚱띠이	뚱보.
뚱치다	슬쩍 훔치다.
뜨뜨무리하다	뜨뜻미지근하다.
뜨시다	따뜻하다.
	예 이 뚱띠야 아랫목에 들 누버있으이 등더리 뜨시하이 좋제? → 이 뚱보야, 아랫목에 누워있으니까 등이 따뜻한 게 좋지?
뜰가뿌다	놓치다.
띠	잔디.
띠다	떼다.
띠리하다	어리버리하다.
띠묵다	떼어먹다.
띠비(이)	뚜껑.

띠잇다

띵가묵다

(돈 등을) 떼였다.

떼먹다. 떼어먹다.

예 띵가물게 따로 있지 우예 동생 돈을 띵가묵냐? → 떼먹을 것이 따로 있지 어떻게 동생 돈을 떼어 먹냐?

ㄷ

ㄹ

~ㄹ 끼네	~ㄹ 거네(것이네). 예 이 일은 니가 해야 될 끼네. → 이 일은 네가 해야 될 거네.
~ㄹ끼다	~ㄹ거다(~겠다) 예 글마 낼 올끼다. → 그 녀석 내일 올 거다.
~라예	~이에요. 예 그거 제끼라예. → 그거 제 거예요.
라지오	라디오.
~레이	~라. 예 걱정 말그레이. → 걱정하지마.
~(으)로	~(으)러. 예 밥 무로 가자 → 밥 먹으러 가자.
~린다	~른다(~르다) 예 모린다. → 모른다.

~마	~면 예 니 일 안하고 놀고 이시마 지기 뿐데이. → 너 일 안 하고 놀고 있으면 가만히 두지 않을 거다.
마	만. 예 낼 니마 살째기 온네이. → 내일 너만 조용히 와라.
마구	마구간. 외양간.
마느래	마누라.
마다리	마대.
마리	마루.
마실	마을. 예 우리 고향 마실에 가마 마리가 있는 집들이 마이 있 데이. → 우리 고향 마을에 가면 마루가 있는 집이 많이 있다.
마안 놈	망할 놈.
마이	많이.
마자	마저. 예 그거 마자 가 가라. → 그것도 마저 가지고 가라.
마카	모두. 예 이거 마카 다 니끼다. → 이거 모두 다 네 거야.
마중	마다.
마치맞다	마침맞다.
만구에	만고에.
막내이	막내.
막디이	막둥이, 막내.
막묵다	맞먹다. 예 이 자슥이 니 내캉 막물라카나? → 이 녀석이 너 나 랑 맞먹으려고 그러냐?

ㅁ

막후다	막다.
만구에	만고에.
만다꼬	뭐 한다고. 뭐 하려고.
만대이	정상, 꼭대기.
만문다행이다, **만분다행이다**	천만다행이다. 예 울 막디이 델꼬 산만대이 놀러 갔다가 미끄러지가 낭떠러지 밑으로 늘찔 뿐했는데 만분다행으로 내가 아를 꽉 잡았다 아이가. → 막둥이 데리고 산꼭대기 놀러 갔다가 미끄러져서 낭떠러지로 떨어질 뻔했는데 천만다행으로 내가 딱 잡았다.
만푸장이다	아쉬움이 없을 정도로 넉넉하다.
말기다	말리다. 예 저 짜슥들 좀 고마 싸우라고 말기라. → 저 녀석들 좀 그만 싸우라고 말려라.
말끼	말귀.
말끼다	그만 둘 거다.
말라꼬?	무얼 하려고? 예 니 말라꼬 그 난리통을 지기노? 내는 말끼다. → 너 뭐 하려고 그 난리냐? 나는 그만 둘 거다.
말목	말뚝.
말심	말씀.
말짱	모두. 죄다.
말카	모두. 예 말카다 여 모지 바라. → 모두 여기 모여 봐라.
말카다	모두다.
맛딴내기	1대1로 승부하다.

ㅁ

망개나무	청미래덩굴. 망개나무와는 다른 수종임.
망새이	말, 망아지.
망쪼	망할 징조.
	예 망쪼 들었나, 저노무 망새이가 와 저래 날뛰노? → 망할 기운이 들었나, 저놈의 망아지가 왜 저렇게 날뛰어?
망태	망태기.
매가리	힘. 맥.
	예 매가리 없이 카지 마고 매구질 좀 단다이 해라. → 맥없이 그러지 말고 꽹과리 좀 힘있게 쳐라.
매구	꽹과리.
매끼	곡식 섬이나 단 등을 묶을 때 쓰는 새끼나 끈을 이르는 말.
매래이	매미.
매럽다	마렵다.
매로	처럼.
	예 똥매러븐 강생이매로 와 그래 안절부절이고? → 똥 마려운 강아지처럼 왜 그렇게 안절부절하니?
매매, 매에매에	꼭꼭. 일이 잘못되지 않도록 확실하게. 단단히. 꼭 틀림없이. 모두 남김없이.
매에미	마음이.
매이	처럼.
	예 니매이로 그카마 암것도 몬한다. → 너처럼 그러면 아무것도 못 한다.
매조지	끝맺음.
맥사리, 맥살	멱살.

맥지, 맥지로	괜히. 공연히. 예 맥지로 쓰잘떼기 없이 트집잡지 마라. → 공연히 쓸데없이 트집잡지 마라.
~맨치로, ~맨쿠로, ~맨키로	~처럼.
맨드랍다	매끄럽다.
맬가이	말갛게. 예 꾸중물이 맬가이 가라안자가 깨끗해짓따. → 구정물이 말갛게 가라앉아서 깨끗해졌다.
맬갛다	말갛다.
맹그랍다	맵다. 연기 등으로 눈이 따갑다.
맹글다	만들다.
머	무엇. 뭐. 예 니 거서 머하노? → 너 거기서 뭐하냐?
머꼬?	뭐냐?
머구	머위.
머구	모기.
머라꼬	뭐라고.
머라카더나	뭐라 말하더냐? (상대방에게 아무 말도 하지 않았을 때 하는 말) 예 내가 니자테 머라카더나? 암 말도 안 했다. → 내가 너에게 뭐라 말하더냐? 아무 말도 안 했다.
머라카노?, 머라카더노?	뭐라고 말하나?, 뭐라고 말하더냐? (다른 사람의 말을 물을 때 쓰는 말) 예 글케 글마가 니자테 머라카더노? → 그러니까 그 녀석이 너한테 뭐라고 얘기하던데?

ㅁ

머라캣노?	뭐라고 했나?
머러카다	야단치다.
머리(래)	머루.
머스마, 머시마	사내아이를 낮추어 부르는 말.
머언	무슨. 예 야가 니 대체 머언 일이고? → 얘가 너 도대체 무슨 일이냐?
머여	먼저.
머이	먼저. 예 니 머이 자거라. → 너 먼저 자라.
먼지	먼저. 예 니 먼지 내리가거레이 → 너 먼저 내려가거라.
멀꺼디	머리카락.
멋도모리고, 못도모리고	무엇인지도 모르고. 아무것도 모르고. 예 저 자슥은 멋도모리고 까불락거리삿노, 멀꺼디를 확 다 조 뽑아뿔라 마. → 저 녀석은 아무것도 모르고 까불고 있어, 머리카락을 확 다 뽑아버릴라.
멍머구리	참개구리.
메느리	며느리.
메띠기, 메떼기	메뚜기. 예 와 저 함 바라 멍머구리가 새빠닥 기다라이 빼가 메띠기를 확 잡아무뿌네. → 우와 저기 한번 봐라. 참개구리가 혀를 길게 뽑아서 메뚜기를 잡아 먹었다.
메르치, 며르치	멸치.
메물	메밀.
멜치	멸치.

멧등	묘, 산소.
	예 얼라 쩍에 멧등에 올라가 놀던 일이 생각 난데이. → 어린 시절 산소에 올라가서 놀던 일이 생각 난다.
모가지, 모간지	목.
모개	모과.
모개이, 머개이	모기.
모구자리	못자리.
	예 모구자리 가가 쩌논 모치미 좀 가지고 온나. → 못자리에 가서 쩌 놓은 못단 좀 가지고 와라.
모난다	못 한다.
모다가	모아서.
모다놓고	모아놓고.
	예 저 짜 있는 돌삐들 다 모다가 저 짜 모데기에 모다라. → 저쪽에 있는 돌멩이들을 다 모아서 저쪽 무더기에 모아라.
모데기	무더기.
모도	모두.
모두다	모으다.
모디기	무더기.
모레이	모퉁이.
	예 저 모레이를 돌마 니를 지다리는 사람이 있을 끼다. → 저 모퉁이를 돌면 너를 기다리는 사람이 있을 거야.
모리	모래.
모린다	모른다.
모시(씨)	모이.

ㅁ

모욕	목욕.
모지(디)라	모여라.
모지리	모조리.
	예 모지리 모디라 모욕하로 가자. → 모조리 모여라. 목욕하러 가자.
모치미	못단. 모내기를 하기 위해 못자리에서 볏모를 뽑아서 묶어놓은 것.
모타리	덩치.
	예 모타리도 쪼맨한기 까불고 있네. → 덩치도 작은 게 까불고 있어.
모티(이)	모퉁이.
모한다	못 한다.
목간	목욕. 목욕탕.
목감다	헤엄치다. 수영하다.
목개이	곡괭이.
목딱겉다	못생기고 맘에 들지 않는다.
몬–	못–.
	예 몬하다. 몬나다. → 못하다. 못나다.
몬내이, 몬내미	못난이.
몬하다	못하다.
몬한다	못한다.
몸띠(이)	몸뚱이.
몸빼, 몸빼이	일할 때 부녀자들이 입는 일복.
	예 니 몸띠에는 몸빼이가 딱이다. → 네 몸뚱이에는 일복이 딱이다.
못깨이	곡괭이.

못도 모리고	무엇인지도 모르고.
몽곤	바보.
몽오리, 몽우리	멍울.
몽창	몽땅. 모두.
	예 절마가 갖고 있는 돈을 몽창 뺏아라. → 저 녀석이 가지고 있는 돈을 몽땅 빼앗아라.
몽창시럽다	보기가 민망스러울 정도로 그 모양이나 본새가 별로일 때 비유적으로 쓴다.
몽창시리	몽땅. 모두. 전부. 대단히 많이.
몽치미	목침.
무군(근)디	아주 오래된 것.
무꾸다	묶다.
무꾸로	먹게.
	예 무까논 미나리 단 풀어가 좀 씻꺼라. 좀 무꾸로. → 묶어 놓은 미나리 단 풀어서 좀 씻어라. 좀 먹게.
무다이	무단히.
무디(이), 무디기	무더기.
무라	먹어라.
	예 마이 무레이. → 많이 먹어라.
무리외	오이.
무서버라	무서워라.
무시	무.
무시라	무서워라.
	예 아이고 무시레이 이 먼 난리고. → 아이고 무서워라 이게 무슨 난리냐.

ㅁ

무시파리	무 이파리, 무청.
무신	무슨.
무싯날	장이 안 서는 평일.
무운나?	먹었나?.
무웃다, 묵었다	먹었다. 예 니 밥 무운나? 그래 밥 무웃다. → 너 밥 먹었니? 그래 밥 먹었다.
무자수	무자치. 물뱀.
무지레이	무지렁이.
무쭈리하다	무겁다.
무쭐하다	묵직하다.
묵구로	먹게. 예 야야, 밥 묵구로 퍼뜩 들 온나. → 얘야, 밥 먹게 빨리 들어오너라.
묵구접다, 묵고잡다	먹고 싶다. 예 오늘은 참말로 맛난 거 묵구잡다. → 오늘은 정말 맛있는 거 먹고 싶다.
문대(때)다	문지르다.
문디(이)	문둥이.
문지	먼지.
문치다	묻히다.
물 씨이다	물이 먹고 싶다. 예 제임 때 짭구로 무가 그러나 물이 와 이래 씨노. → 점심때 짜게 먹어서 그런가? 물이 왜 이렇게 먹고 싶지.
물위, 물이	오이.

물자수	무자치.
물조루	물조리개.
물캐지다	물러지다. 물컹해지다.

> 예 애끼물라고 숭카났는데 다 물캐져뿟다. → 아껴 먹으려고 숨겨 놓았는데 다 물러져 버렸다.

물팍	무릎.
뭉티기	뭉텅이.
미구	여우.
미깔시럽다	밉상스럽다.

> 예 넘어지가 물팍이 깨지 아파죽겠는데 절마는 와 저래 웃노 미깔시럽구로. → 넘어져서 무릎이 깨져서 아파죽겠는데 저 녀석은 왜 저렇게 웃어. 밉상스럽게.

미꾸래이	미꾸라지.
미기	메기.

> 예 이 등신아 미꾸래이를 잡을라꼬 미기를 나 주냐. → 바보야, 미꾸라지 잡으려고 메기를 놔 주냐.

미느리	며느리.
미늘	며느리.
미르치	멸치.
미물	메밀.
미미	꼭꼭.

> 예 미미 숭가라 멀꺼디 다 빈다. → 꼭꼭 숨겨라. 머리카락 다 보인다.

미버하다	미워하다.

미싱미싱하다	메슥메슥하다. 속이 메스껍다.
	예 제임 때 머 잘못 뭇나, 속이 왜 이리 미싱미싱하노. → 점심때 뭘 잘못 먹었나, 속이 왜 이렇게 메스껍지?
미영	무명, 목화.
미이다	메다(목이 메다).
미이도	먹여 줘.
미자바리	밑바닥. 바닥.
	예 야야 장독 미자바리 언제 깨짓노? → 얘 장독 밑바닥 언제 깨졌어?
미주, 미지	메주.
미친개(갱)이	미치광이.
미피하다	후덥지근하다.
믹이다	먹이다.
민경(갱)	거울(명경).
민장	면장.
	예 민장질도 지 싫으마 그마이다 카디. 이기 지 정신이가? 그걸 와 마다카노. → 면장도 자기 싫으면 그만이라더니 네가 제정신이냐? 그걸 왜 마다해?
밀지불	밀기울.
밉비다	밉보이다.
밋간다	손해본다.
밋등	묘, 무덤.
밍씨	무명씨(목화씨).
	예 눈에 밍씨 백힜다 → 눈에 목화씨가 박혔다(사리판단을 잘하지 못하다).
밍줄	명줄.

밍태	명태.
밑가다	밑지다. 손해보다.
밑구미	(자기에게 조금이라도) 남는 것, 덕이 되는 것.

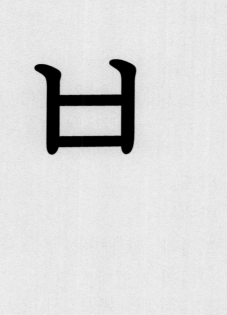

바가이	바가지.
바가치	바가지.
바기미	바구미.
	예 바가이에 쌀을 오래 담아났더니 바기미가 천지삐까리다. → 바가지에 쌀을 오래 담아두었더니 바구미가 바글바글하다.
바까테	밖에.
바꾸	바퀴.
바라	보아라. 상대방을 부를 때 쓰기도 함.
바라꼬 있다	기다리고 있다.
	예 그래 바라꼬만 있지 마고 찾아가 바라. → 그렇게 기다리고만 있지 말고 찾아가 봐라.
바라바라	나이 어린 사람을 부를 때 쓰는 말. 얘. 여기 좀 봐. 어이.
바루다	바르게 하다. 곧게 펴다.
바리	바로.
바리	마리.
	예 달구새끼 한 바리가 달굿집을 탈출했다. → 닭 한 마리가 닭장을 빠져나갔다.
바리다	바르다.
바뿌재, 보재기	보자기.
~바서(~버서)	~워서
	예 미버서 → 미워서, 고바서 → 고와서.
바소고리	바지게.
바우	바위.
박상	튀밥, 뻥튀기.

반튼(틈)	반, 절반. 예 거 있는 박상자리 반튼 비아노코 가가라. → 거기 　있는 뻥튀기 자루 반 덜어 놓고 가지고 가라.
반피, 밤피	반편이. 반푼이.
발꼬랑내	발 고린내.
발등거(더)리	발등.
발모가지, 발목대(재)이	발목.
발자죽	발자국.
밤씨(이)	밤송이. 예 발등거리에 밤씨가 떨어지가 아퍼 죽겠다. → 발등 　에 밤송이가 떨어져서 많이 아프다.
밥국	국밥.
밥때	끼니때.
밥떠꺼리	밥풀. 밥알.
밥주다	시계 태엽 따위를 감다.
밥풀띠기(때기), 밥띳꺼리	밥알. 밥풀.
밥티정	밥투정. 예 밥떠꺼리 여 저 얼짜 놓고 니 자꾸 밥티정 할래. → 　밥풀 여기저기 떨어뜨려 놓고 너 자꾸 밥투정할래.
방구	방귀, 바위.
방매이	방망이.
방장	모기장.

ㅂ

배까테	밖에.
	예 니 배까테서 잘라카마 방장 치고 자거래이. 모기자 테 다 뜯긴다. → 너 밖에서 자려면 모기장 치고 자 라. 모기에게 물린다.
배꾸뭉, 배꾸무, 배꾸멍	배꼽.
배끼다	바뀌다.
배때지, 배애지	배.
배막디	옹춘마니. 속이 좁고 융통성 없는 사람.
	예 야, 이 배막디 같은 놈아! → 야, 이 융통성 없는 놈 아!
배삐	바쁘게, 바로 즉시.
	예 어딜 그리 배삐 가노? → 어디를 그렇게 바쁘게 가 니?
배암	뱀.
배차	배추.
백지	괜히.
백지로	괜히.
밸이 꼴리다	기분이 안 좋아 속상하다.
	예 백지로 지 혼차 밸이 꼴 리가 저 지랄이다. → 괜히 저 혼자서 기분이 나빠서 저러고 있다.
뱁추	배추.
버가다	겨루다.
버꿈	거품.
버니	보늬.
버부래이, 버부리	벙어리.

ㅂ

버르재이	버릇. 버르장머리.
	예 저 버르재이 없는 놈 버부리가 되뿟나, 인사 안 하나? → 저 버릇없는 놈, 벙어리가 되었나, 인사 안 하냐?
버시로, 버여	벌써.
	예 쪼매 더 있다가 가지 버여 갈라꼬? → 조금 더 있다가 가지 벌써 가려고?
버지기, 사구	사기로 된 물긷는 그릇.
번디기	번데기.
벌개이	벌레.
벌거지	벌레.
벌로	함부로, 아무렇게나.
	예 음식 찌끄레기 벌로 나뚜지 마라. 벌개이 끌는다. → 음식물 찌꺼기 아무렇게나 두지 마라. 벌레 생긴다.
벌시다	벌리다.
	예 잘개이 좀 벌시바라 콩 쓸어 담구로. → 자루 좀 벌려라, 콩 쓸어 담게.
벌시로	벌써.
	예 벌시로 갔다 왔나? → 벌써 갔다 왔어?
베루다	1. 버르다. 2. 벼리다.
베리다	버리다.
베슬	벼슬.
베실	벗. 버슬.
벨시럽다	별스럽다.
벨안간	별안간.

보따리	보퉁이. 보자기.
	예 벨안간 보따리를 내 노라니 먼 보따리 말고? → 별안간 보퉁이를 내놓으라니 무슨 보퉁이 말이냐?
보살	보리쌀.
보재기	보자기.
	예 벨안간 보재기를 사라이 그기 먼 말꼬? → 별안간 보자기를 싸라니 그게 무슨 말이야?
보푸레이	보푸라기.
복숭	복숭아.
본동만동	본체만체.
봉다리	봉지.
	예 봉다리에 머 들었노? 머는! 복숭이다. → 봉지에 뭐 들었어? 뭐기는 복숭아 들었다.
부니, 버니	보늬(밤, 도토리 등의 속껍질).
~부리하다	본말의 약한 표현.
	예 꼬꼬부리하다 → 꼼꼼하다. / 얄부리하다 → 얄팍하다. / 덥시부리하다 → 더부룩하다.
부떠막	부뚜막.
부란당	불한당.
부루키다	부르트다.
부석	아궁이.
	예 부석에 불넣다 말고 부떠막에 안자가 머하고 있노? → 아궁이에 불 때다가 부뚜막에 앉아서 뭐하니?
부시럼	부스럼.
부애	부아.
부적(죽)	부엌. 아궁이.
부주	부조(扶助).

부줏돈	부조금.
부지깨이	부지깽이.
부체	부처.
부텀	부터.
분답다	번잡하다.
	예 아따 그 자슥 아까부텀 어씨 분답네. → 아따 그 녀석 좀 전부터 진짜 번잡하네.
불살개	불쏘시개.
불써다	불을 켜다.
불우다	부풀리다. 불리다.
불우키다	부르트다.
	예 아래부터 밤 새가 일 했더니 입술이 다 불우킸다. → 그저께부터 밤을 새서 일했더니 입술이 다 부르텄다.
붓자리	붓대.
비	베(삼베).
비개	베개.
비끼다	비키다.
비끼라	비켜라.
	예 절로 쫌 비끼바라. → 저쪽으로 좀 비켜라.
비니루	비닐.
비라다	1. 벼르다. 2. 벼리다.
비름(릉)박	벽.
비렁내, 비링내	비린내.
	예 비릉박에 멀 문치 났길레 비링내가 이래 나노? → 벽에 뭘 묻혔길래 이렇게 비린내가 나냐?

비미	어련히. 예 지가 비미 알아서 하까바 나또라 마. → 자기가 어련히 알아서 하려고 그냥 내버려 둬라.
비바친다	역겨워서 속이 메스껍다.
비스무리하다	비슷하다. 예 저 쫌 바라. 저거 이거랑 억수로 비스무리하이 생깄제? → 저기 좀 봐라. 저거 이거랑 진짜 비슷하게 생겼지?
비슬	벼슬.
비알	비탈. 예 산비알에 가마 밤낭개 밭이 있을끼다. → 산비탈에 가면 밤나무밭이 있을 거야.
비이다	1. 보이다. 2. 베이다.
비이도, 비도고	보여줘.
비짜리(루)	빗자루.
비키다	베다. 베이다.
비키라	비켜라. 예 절로 비키라. 손가락 비키가 병원 가야 되이끼네. → 저리 비켜라. 손가락 베여서 병원에 가야 돼.
빈걸로	빈손으로.
빈소	변소.
빌라다	별나다.
빌로	별로. 예 빌로 다치지도 않았구만 빌라게 좀 카지마라. → 별로 다치지도 않았는데 별나게 좀 그러지 마라.
빙	병.
빙시	병신.

빠가사리	동자개.
빠루	노루발못뽑이.
빠알	방울.
	예 니는 술 한 빠알도 못하미 여는 와 있노? → 너는 술 한방울도 못 하면서 여기는 왜 있어?
빠주다	빠뜨리다.
빠티리다	빠뜨리다.
빤지깨이	소꿉놀이.
	예 빤지깨이 살러가까? → 소꿉놀이 할래?
빤짝조오	셀로판 종이, 은박지.
빨갛구로	빨갛게
빵구다	빻다.
빵깨(깽)이	소꿉놀이.
빵꾸	펑크. 구멍.
빼끌린다	빼앗긴다.
빼끼다	빼앗기다.
빼다지, 삐다지	서랍.
빼뿌재(쟁)이	질경이.
	예 그거 빼다지에 잘 너노코 내캉 빼뿌재이 뜯으러 가자. → 그거 서랍에 잘 넣어 놓고 나랑 질경이 뜯으러 가자.
빨간	빨간.
빨개이	빨갱이.
뺑빼이돌다	맴돌다. 뱅글뱅글 돌다. 뱅뱅돌다.
뻐꿈하다	뻐끔하다.
뻐덩니	뻐드렁니.

뻐뜩하마	걸핏하면.
	예 저자슥은 뻐뜩하마 지자리서 뺑빼이 돌고 자빠졌노. → 저 녀석은 걸핏하면 제자리에서 뱅뱅 돌고 있어.
뻔드그리하다	번드레하다.
뺑구리	동사리.
뻬가지	뼈.
	예 뺑구리는 뻬가지가 시가 먹을 때 조심해야 된다. → 동사리는 뼈가 억세서 먹을 때 조심해야 한다.
뻬까리	낟가리. 더미.
뻬끼다	베끼다. 복사하다. 벗기다. 필사하다.
뽀드락지	뾰루지, 뾰두라지.
뽀롱나다	들키다, 발각되다.
	예 뽀드락지 난 거 잘 숭카가 댕깄는데 니때메 다 뽀롱났다. → 뾰루지 난 거 잘 숨기고 다녔는데 너 때문에 들켰다.
뽈고족족하다	볼그족족하다.
뽈구다	속이 완전히 드러나도록 껍질 따위를 벗기다.
뽈시다	꼬나보다. 노려보다. 눈을 부릅뜨다.
	예 와 뽈시 보노? → 왜 꼬나보냐?
~뿌라	~버려라.
뿌루다	부러뜨리다.
	예 그거 확 뿔라뿌라. → 그거 부러뜨려버려라.
뿌리났다	뿌려 놓았다.
뿌수다	부수다.
뿌이다	뿐이다.

뿍디기	북데기. 예 짚 뿍디기 속에 숨어가 머하노. → 짚북데기 속에 숨어서 뭐하니?
~뿐다	~버린다(경상도의 관습적인 어투). 예 가뿐다 → 가버린다.
뿔구죽죽하다	불그죽죽하다.
~뿔라, ~뿔라마	~(할)라. 상대방의 행동이나 태도가 마음에 들지 않을 때 쓰는 말. 예 확 때리뿔라마(때리진 않고 그러고 싶은 심정일 때 쓰는 말).
뿔라뿌다	부러트리다, 꺾어버리다.
뿔루다	꺾다.
삐가리, 삐개이	병아리.
삐가지	뼈.
삐까리	낟가리. 더미.
삐까리다	아주 많다. 예 세상에는 니보담 잘난 놈이 천지 삐까리다. → 세상에는 너보다 잘난 사람이 아주 많다.
삐까삐까하다	차림새가 부티가 나다. 눈이 부시다. 있어 보이다.
~삔다	~버린다(경상도의 관습적인 어투). 예 해삔다 → 해버린다.
삐끼다	벗기다.
삐대다	짓밟다. 밟다. 밟고 다니다.
삐딱구두	뾰족구두.
삐짓다	삐지다, 삐치다.

ㅂ

삐치다

비치다.
예 옷이 그기 뭐꼬? 속옷 다 삐치자나. → 옷이 그게 뭐야? 속옷이 다 비치잖아.

삑다구

뼈다귀.

삣기다

삐지다, 삐치다.
예 사나 자슥이 머 그딴걸로 삣기노. → 남자가 뭐 그딴 일로 삐지냐.

사고디	다슬기.
사나	사내. 사나이.
사나알, 사날	사나흘.
사랍문	사립문.
사부재기, 사부지기	살며시, 슬그머니.
사분	비누.
사시리(로)	늘. 항상. 수시로.
사알디리	자주(사흘마다). 늘. 시도 때도 없이. 예 사알디리 사부지기 나 댕기샇더니 고뿔 걸리가 왔노. → 하루가 멀다 하고 살며시 나다니더니 감기 걸려서 왔냐.
사우	사위.
사이끼네	하니까. 예 그래 사이끼네 니 친구들이 다 시러하는 기라. → 그렇게 하니까 네 친구들 모두 싫어하는 거야.
사죽	사족(四足). 예 사죽을 몬 씨다. → 사족을 못 쓰다(어떤 일에 꼼짝을 못 하다).
사진각구	사진틀. 사진액자.
사타리	사타구니. 예 사타리 새 → 사타구니 사이.
삭후다	삭히다.
살게이	살쾡이. 고양이.
살모시, 살무시	살며시.

살째기	살며시. 살짝. 예 어제 밤에 살게이가 살째기 댕기갔는갑다. → 어젯밤에 살쾡이가 살며시 왔다 갔나 보다.
살찌미	살집.
살찌이	고양이.
살피가입시더	살펴 가십시오, 안녕히 가십시오.
삼시불	쌍꺼풀.
상그랗다, 상그렇다, 성그렇다	(식어서) 싸늘하다.
상그랍다	위태롭다. 사납다. 비탈이 심하다. 위험스럽다. 예 산이 마이 상그랍데이. 댕길 때 조심해레이. → 산이 많이 비탈지다. 다닐 때 조심해라.
상글다	썰다.
상내	암내.
샇다	하다. 말하다. 예 너무 그래 샇지마라 → 1. 너무 그렇게 하지 마라. 2. 너무 그렇게 말하지 마라.
새	혀.
새가 나도록, 새가 빠지도록	(혀가 빠질 정도로) 정신없이. 헐레벌떡. 매우 힘들게 뭔가를 할 때 쓰는 말. 예 니가 불러가 새가 나도록 뛰왔다 아이가. → 네가 불러서 헐레벌떡 달려왔다.
새그랍다, 시그럽다	시다.
새금파리	사금파리.

人

새기, 쌔기	빨리, 바로, 즉시.
새끄대이, **새끼대이**	새끼줄.
	예 새기 와가 새끄대이 꽈라. → 빨리 와서 새끼를 꼬아라.
새미	샘. 우물.
새미	수염.
새복	새벽.
새비	새우.
	예 새복에 내캉 새비 잡으로 가자. → 새벽에 나랑 새우 잡으러 가자.
새엠	선생님.
생이	상여.
서그푸다	서글프다. 신통치 않다. 어설프다.
	예 일 하는 기 영 서그푸다. → 일하는 모양이 영 어설프다.
서꾸다	섞다.
서리	써레.
서리	서로.
서숙	조.
서이	셋.
선나 꼽재기	아주 작은 양을 말함.
	예 서숙밥이라 카디 서숙은 선나꼽재기 뿌이 안 들었노.→ 조밥이라 하더니 조는 조금 밖에 안 들었네.
성냥각	성냥갑.
성냥까치	성냥개비.
성냥께이	성냥개비.

人

성그렇다	서늘하다. 서느렇다.
	예 방이 와이래 성그렇노? → 방이 왜 이렇게 서늘하니?
세아리다, 세알리다	세다. 헤아리다.
소가지	심성. 소갈머리.
소고리, 소구리	소쿠리.
	예 소가지가 그라마 몬신다. 한 소고리 항거 퍼 담으라. → 심성이 그러면 못 쓴다. 한 소쿠리 가득 담아라.
소곰, 소굼	소금.
소군지	소코뚜레.
소두배(뱅)이	솥뚜껑.
소래	소라.
소래이	쇠스랑.
소마구	외양간.
	예 소래이 가지고 소마구에 거름 좀 치아라. → 쇠스랑 가지고 외양간에 거름 좀 치워라.
소물다	촘촘하다, 빽빽하다.
소상	소생(자식을 낮추어 부르는 말).
	예 야, 이 노무 소상아! → 야, 이놈아!
소시래이, 소시랑	쇠스랑.
소잡다	솔다. 좁다. 비좁다.
	예 소잡어 죽겠구만 절로 좀 비끼라. → 비좁아 죽겠다. 저쪽으로 좀 비켜라.
소캐	솜.
소판	쓰레받기.

ㅅ

속후다	속이다.
손모가지, 손목재(쟁)이	손목. 예 손목재이 확 뿔라뿔라 마. → 손목을 확 부러트려 버 릴라.
손까시레기	손거스러미.
손등거(더)리	손등.
솟치다	성질이 나다(화가 나다).
송구	송기(松肌).
송신타	귀찮다. 정신이 사나워서 귀찮을 때 쓰는 말. 예 송신쿠로 와 이카노. → 귀찮게 왜 이래.
쇠빈대	진드기.
쇳대	열쇠.
수구리다	수그리다. 숙이다. 예 허리가 아파가 수구릴 수가 엄따. 쇳대 좀 조도. → 허리가 아파서 수그릴 수가 없다. 열쇠 좀 주워 줘.
수군포, 수군푸	삽.
수껌디이	숯검정.
수두루빽빽하다	수두룩하다. 아주 많다.
수루매	오징어. 꼴뚜기. 예 야 저어 바라 수루매가 수두루빽빽하다. → 이야! 저 기 봐라. 오징어가 수두룩하다.
수무나암	스물 남짓. 스무 남은.
수물	스물.
수울찮다	수월찮다.
수울타	수월하다. 쉽다.

人

96

수의하다	의논하다.
	예 다들 모지가 잘 수의해 바라. → 모두 모여서 잘 의논해 봐라.
수지비	수제비.
수타다	숱하다.
숙개	수캐.
숙놈	수(숫)놈.
순디	순둥이.
술찬타	수월치 않다.
숨구다	심다.
숨쿠다	숨기다.
	예 하도 미미 숭카나가 찾는기 술찬타. → 워낙 꼭꼭 숨겨놓아서 찾는 게 수월치 않다(힘들다).
숩다	쉽다.
숯껌디이	숯검정. 숯 검둥이.
숭	흉.
숭구다	심다.
숭년	흉년.
	예 봄에 숭군 무시 씨가 가물어가 숭년이 들었다. → 봄에 심은 무씨가 가뭄으로 흉년이 들었다.
숭악하다	흉악하다. 지독하다.
숭쿠다	숨기다, 감추다.
	예 신발은 숭카노코 어데 가삣노? → 신발을 숨겨놓고 어디 갔어?
쉬	쉽게.
쉬미, 씨미	수염.

쉰시럽다	주책없다.
~습니더(니꺼?)	~습니다(니까?)
	예 핵교에 갔습니더. → 학교에 갔습니다. / 핵교에 갔습니꺼? → 학교에 갔습니까?
~습미더(미꺼?)	~습니다(니까?)
	예 핵교에 갔습미더. → 학교에 갔습니다. / 핵교에 갔습미꺼? → 학교에 갔습니까?
시건	철. 소견(所見). 식견.
시그럽다	시다.
시근밥	찬밥.
시기다	시키다.
시껍하다	식겁하다. 혼나다. 기겁하다.
시너부	시누이.
~시더	~세요. ~시다.
	예 멀리 안나감미더 잘 가입시더. → 안녕히 가세요.
	예 같이 가입시더. → 같이 갑시다.
시렁거무	그리마.
시루다	겨루다. 힘을 쓰다(자전거 페달을 밟을 때 등에 사용한다). 힘껏 ~을 하다. 용을 쓰다.
	예 뭘 그래 시라쌋노? → 뭘 그렇게 용을 쓰고 있어?
	예 이노마야 팍팍 좀 시라 바라. 그래야 깨빨진 데를 쉬 올라갈꺼 아이가 → 이놈아 힘 좀 팍팍 주고 밟아 봐라. 그래야 비탈길을 쉽게 올라가지.
시상	세상.
시상배릿다	사람이 죽었을 때 쓰는 말. 죽었다.
시아리다, 시알리다	헤아리다. 세다.

시인대로	시키는 대로.
	예 딴지꺼리 하지마고 시인대로 그기나 잘 시알리 나라. → 딴짓하지 말고 시키는 대로 그거나 잘 헤아려 놓아라.
시장시럽다	별 볼 일 없다. 시시하다.
시줌	각자. 제가끔.
	예 여 꺼는 시줌 알아서 정리해레이. → 여기 건 각자 알아서 정리해라.
시지부기	흐지부지. 슬며시.
시커머이	시커멓게.
	예 얼굴은 시커머이 멀 잔뜩 문치가주고 씻도 안하고 시지부기 드가가 잘라 카나. → 얼굴에는 시커멓게 뭘 잔뜩 묻혀서는 씻지도 않고 들어가서 자려고 그러냐.
시푸다	싶다.
식티(이)	식충이.
식후다	식히다.
	예 좀 식하가미 무라 식티야. → 좀 식혀가면서 먹어라 식충아.
신키다	신기다.
신내이	씀바귀.
신질로	잠시 쉬고 바로(급하게, 빨리).
신찬타	시원치 않다.
실개	쓸개.
실개이, 실라이	실랑이
실겅	시렁.

人

~실이	시집간 딸네에게 쓰는 호칭. 앞에 신랑의 성을 붙여서 사용한다. 예 김실이 왔나? → 김서방댁 왔나?
실찌기	넌지시.
심	힘.
~심더	~습니다.
심바람	심부름. 예 야야 니 심바람 좀 해도고. → 얘 너 심부름 좀 해줘.
심지뽑기	제비뽑기.
십주구리하다	기가 죽어 있는 모양.(주눅이 들거나 기분이 좋지 않아 풀이 죽어있는 모양)
싯대, 쇳대	열쇠.
싱기	매생이.
싸리다	썰다.
싸알디리	사흘마다, 사흘 간격으로 (어떠한 일이 자주 있음을 말함).
싸암	싸움. 예 저 싸가지없는 것들이 싸알디리 싸암질이고. → 저 싹수없는 놈들이 시도 때도 없이 싸움이네.
쌈닥	싸움닭.
쌉시리하다	씁쓰레하다.
쌍그리다	자르다. 썰다.
쌍디	쌍둥이.
쌔가리	서캐
쌔가(씨가) 빠지다	혀가 빠질 정도로 힘들게 일하다. 예 쌔가 빠지도록 일하다 왔디만 머라카노? → 힘들게 일하다 왔더니 뭐라고?

쌔고쌧다	넘쳐흐를 정도로 많다.
쌔기	빨리.
쌔리다	때리다.
쌔배(비)릿다	수없이 많다. 예 나도 쌔배릿다. 만타꼬 유세하지 마라. → 나도 많으니까 많다고 유세하지 마라.
쌔비다	살짝 훔치다. 슬쩍하다. 예 어제 내가 글마 방에 가가 살째기 쌔비가 왔다. → 어제 내가 그 녀석 방에 가서 살짝 훔쳐 왔다.
쌔빠닥	혓바닥.
쌩가물지리다	땡고함을 지르다.
썽건(걸)하다	싸늘하다.
쏘물다	촘촘하다. 예 꼬치 모종을 하도 쏘물게 숭카나가 꼬치가 잘 몬 큰다. → 고추 모종을 너무 촘촘하게 심어서 고추가 못 자란다.
쏘캐	솜.
쑤루매	오징어. 골뚜기.
쑤시	수수.
쑤시망태, 쑤시방테기, 쑤시방테이	흐트러져서 뒤죽박죽인 상태. 지저분한 모양. 어수선한 상태.
씨가리	서캐.
씨그럽다	시다. 예 사과가 너무 씨그러버서 몬묵겠다. → 사과가 너무 시어서 못 먹겠다.
씨나락	볍씨.

ㅅ

~씨럽다, ~씨러버(바)라, ~스러버(바)라	~스럽다. ~스러워라.
씨락국	시래기국.
씨부리다	씨불이다. 씨부렁거리다.
씨야	형. 예 씨야 씨잘떼기엄시 쫌 고마 씨부리고 일 좀 해라. 　→ 형 쓸데없이 그만 씨부렁거리고 일 좀 해라.
씨오마씨	시어머니.
씨잘떼기없다	쓸모없다. 쓸데없다.
씨푸다	헤프다.
씩꺼라	씻어라. 예 더러버 죽겠다. 좀 씩꺼라. → 더러워. 좀 씻어라.
씩다	씻다.
씰개	쓸개.
씰데없이	쓸데없이.
씹다	쓰다.

아	아이.
	예 아들이 개살궂다. → 아이들이 심술궂다.
아가(갈)빠리	아가리.
아까	좀 전에.
아까바서, **아까버서**	아까워서.
아구통	입.
아나	옜다.
	예 아나 여깃다. 가 가라 → 옜다. 여기 있다. 가지고 가 거라.
아람	아름.
	예 저 가가 지풀데기 한아람만 가 온나. → 저기 가서 짚 한 아름만 가지고 와라.
아람디리	아름드리.
아래깍단	아랫마을.
	예 아레 아래깍단 갔다가 아람디리 소나무 항거 비논 거 봤다 아이가. → 그저께 아랫마을 갔다가 아름드 리 소나무 가득 베어 놓은 거 봤어.
아레	그저께.
아리까(끼)리 **하다**	아리송하다. 긴가민가하다.
아무끼나	아무거나.
아무따나, **아물따나**	아무렇게나.
	예 신발 쫌 아물따나 그래 벗어놓지 마라. → 신발 좀 아무렇게나 벗어놓지 마라.
아베, 아비	아버지.
아부지	아버지.

아서주다	물건이나 일손을 옆에서 거들어 주다. 건네주다.
	예 아부지 옆에서 짚단 좀 아서조라. → 아버지 옆에서 짚단 좀 건네줘라'.
아섭다, 아숩다	아쉽다.
아시	처음. 애초.
아시등개	왕겨.
아이	아직.
	예 아이 아이 머럿따. → 아직까지 조금 남았다(거리가 좀 더 남았을 때나 시간이 좀 남았을 때 사용).
아이가?	아니냐?, 아니니?
	예 니 호동이 아이가? → 너 호동이 아니냐?
아이다	아니다.
아이재?	아니지?
아인 기 아이라	아닌 게 아니라.
아임미더	아닙니다.
	예 아임미더, 개똥임미더. → 아닙니다, 개똥이입니다.
아재	삼촌 이외의 집안 바깥어른들의 호칭(요즘은 모르는 남성을 지칭할 때도 사용된다). 아저씨.
아잼, 아즈뱀	아주버님.
아적	아침.
아주무이	아주머니.
아주까리	피마자.
	예 낼 아즉에 아주무이 집에 가가 아주까리 지름 좀 얻어 온나. → 내일 아침에 아주머니 집에 가서 피마자 기름 좀 얻어오너라.
아즉	아직.

아지매	아주머니. 형수, 숙모 이외의 집안 안 어른들의 호칭.
아찌랍다	안쓰럽다.
안들	안사람.
안만해도	아무래도.
안주까정	아직은. 지금까지는. 예 안주까정 아무 연락이 엄따. → 아직은 아무런 연락이 없다.
안즈이소	앉으세요.
안진뱅이, 안질배이	앉은뱅이.
알개이	알갱이.
알라, 얼라	아기. 어린애.
알로	아래로.
알매이	알맹이.
암만해도	아무래도.
앗아주다	건네주다.
애꾸진	애꿎은.
애끼손가락	새끼손가락.
애달구다	애태우다. 놀리다. 예 아 애달구지 말고 알로 니라라. → 애 애태우지 말고 아래로 내려라.
애비다	야위다. 예 아 굶깄나 와 저래 애빘노? → 애 굶겼냐 왜 저렇게 야위었어?
애빼리다	내버리다.

애시당초	애당초.
	예 애시당초 아가 멀 무거야 말이지예. → 애당초 애가 뭘 먹어야 말이죠.
앵꼽다	아니꼽다. 속이 미싱미싱하다.
야	이 아이. 애.
	예 야야, 니 거서 머하노? → 얘, 너 거기서 뭐하니?
야가	이 사람이, 애가
야루다	어르다.
야마리	얌치, 염치.
야바구, 야바우	야바위.
야시, 여시	여우.
야시개(갱)이	냉이.
약꾹대	여뀌.
	예 야시개이는 물 수 있고 약꾹대는 무마 클난다. → 냉이는 먹을 수 있고 여뀌는 먹으면 큰일난다.
약재이	약장수.
얄미버	얄미워.
얄부리하다	얄팍하다. 얇다.
	예 야 무시채 얄부리하이 잘 싸릿네. → 야, 무채 얇게 잘 썰었네.
얌새이, 염새이	염소.
얍시리하다	얇다.
양글기하다	야물게하다(일처리를 잘함을 이름).
양글다	야무지다.
양님장	양념장.

107

양푸이	양푼. 예 양푸이에 밥 한 사바리 넣고 양님장 살살 뿌리가 잘 비비바라. → 양푼에 밥 한 공기 넣고 양념장 살살 뿌려서 잘 비벼봐라.
어데예, 어인지예, 어데에	아니요. 싫어요. 강한 거절이나 부정의 의미로 쓰는 말.
어둡사리	땅거미.
어따	어디에다.
어러분, 어러븐	어려운.
어렁냥	어리광, 재롱.
어링장	어리광. 예 이 자슥이 어따 대고 어렁냥 부리고 있노. → 이녀석이 어디에다 어리광부리고 있어.
어마시, 어매, 어무이	어머니.
어북	제법.
어불리다	모이다. 어울리다. 예 모두 어불러가 내자. → 모두 모아서 내자. 예 야 너거 둘이 어북 잘 어불린데이. → 야 너희 둘 제법 잘 어울린다.
어시	진짜. 매우.
어시만타	매우 많다.
어실렁	어슬렁.
어어어	아니.
어이요(여)	어이!, 야! (사람을 부를 때 쓰는 말)

어지	어제.
	예 어이요, 니 어지 자아 갔었나? / 어어어. → 야, 너 어제 장에 갔었나? / 아니.
억시(기), 억수로, 억발로	억세게, 매우, 대단히.
언가이	어지간히.
언지예	아니요.
언치다	체하다.
	예 니 언친나? / 언지예 괜찬심더. → 너 체했냐? / 아니요 괜찮아요.
얼구다	얼리다.
얼그리하다	얼근하다(술이 살짝 취한 상태).
얼기미	어레미(눈금이 굵은 체).
얼라	아이, 아기.
얼렁	빨리.
	예 얼렁 안 하고 머 하고 있노? → 빨리 안 하고 뭐 하니?
얼른도 없다	어림도 없다.
얼매	얼마.
얼빵하다	어벙하다.
얼죽, 얼축	얼추, 거의(대충 어림잡아).
얼척엄따	어처구니없다.
엄따	없다.
엄버지기	대단히 많은 양. 매우 많다.

엉간하다, **엔간하다**	웬만하다. 어지간하다. 예 니도 참 엉간하다. 똥을 엄버지기로 싸놓고 물도 안 내릿나. → 너도 참 어지간하다. 똥을 저렇게 많이 누고 물도 안 내렸냐.
엉가이, 엥가이	어지간히.
엉기나다	진저리나다. 예 엉기난다 엉기나! → 진절머리가 난다.
엉기다	달라붙다. 시비붙다.
엉기도 안난다	엄두도 안 난다.
엉어	아니.
에럽다	어렵다.
에지간히	어지간히. 예 시험문제가 에지간히 에러버야 풀기라도 하지. 엉기 도 안난다. → 시험문제가 어지간히 어려워야 풀기 라도 하지. 엄두도 안난다.
엔날	옛날.
엥간하다	어지간하다.
여개	1. 여유, 시간적인 틈. 2. 여기.
여개저개	여기저기.
여거, 여어	여기
여사로	예사로. 예 쟈는 여사로 여개저개 돌아댕기미 잔다. → 쟤는 예 사로 여기저기 돌아다니면서 잔다.
여서	여기서. 예 여서 이카지 말고 절로 가자. → 여기서 이러지 말 고 저리로 가자.
여시	여우.

여저	여기저기.
여죽(즉)지	여태까지.
여척엄따	깔축없다(조금도 부족하거나 남는 것이 없이 딱 맞음을 말함). 틀림없다.
여풀떼기 (야풀때기), 여풀딱	옆. 예 내 여풀떼기에 딱 붙어 있거레이. → 내 옆에 딱 어 있어라.
연거퍼	연거푸.
염새(생)이	염소.
엿질금(질굼)	엿기름.
영감탱구	영감쟁이.
영감탱이	영감쟁이.
영판이다	아주 많이 닮았다. 예 아들내미가 아부지 영판이네. → 아들이 아버지를 아주 많이 닮았네.
옇다	넣다.
예핀네	여편네.
오강	요강. 예 할무이 방에 오강 좀 여 드리라. → 할머니 방에 요 강 좀 넣어드려라.
오구리다	오그리다.
오두바다, 오두부다	움키다. 움켜쥐다.
오라바이, 오래비, 오라바시	오라버니.

오른재비, 오른짝배기	오른손잡이. 예 너거 오라바이 오른재비가? → 네 오빠 오른손잡이 야?
오마씨	어머니.
오만거	모두, 모든 거. 여러 가지.
오무다	오므리다.
오미가미	오며 가며. 예 오빠야 오미가미 오만거 다 갔다났네. → 오빠, 오며 가며 여러 가지 많이도 갖다 났네.
오빠야	오빠.
오바	외투.
오분, 오부이	온. 전체. 전부. 가득. 예 이거는 오부이 다 니끼다. → 이건 모두 네 거다.
오새	요새.
오씻다	오셨다.
오을	오늘.
오이라	오너라.
오이소	오세요.
오이야(냐)	오냐.
오지다	고소하다. 속이 꽉 차다. 예 잘난 체하디 오지다. → 잘난 체하더니 고소하다.
오직하마	오죽하면.
온갖꺼	온갖 것.
온나, 온네이	오너라.
온시네, 운시네	우선.

올개	올해. 예 옴마 올개는 운시네 빚부텀 머이 갚자. → 엄마 올해는 우선 빚부터 먼저 갚자.
올애	올해.
옴마	엄마.
옴서	오면서.
옹구리다, 옹굴시다	옹그리다. 웅크리다. 옴츠리다.
와	왜?
와 아이라	왜 아니겠니(남의 말에 맞장구칠 때 쓰는 말). 예 와 아이라. 하도 겁이 나가 방구석에 옹구리고 있다가 인자 나왔다 아이가. → 왜 아니겠니. 너무 겁이 나서 방구석에 웅크리고 있다가 이제 나왔잖아.
왈기다	후리다. 겁을 주다. 윽박지르다.
왼재비, 왼짝배기	왼손잡이.
요게, 요구, 요기, 요오, 여어	여기.
요기요	이것이. 요것 봐라.
요따우	요따위. 이따위. 예 요기요! 뭐 요따우 놈이 다 있지? → 요것 봐라. 뭐 이따위 놈이 다 있지?
요랑	요령.
요래	요렇게(이렇게). 예 멀 하든 요래 쫌 요랑 있게 잘 쫌 해라. → 무엇을 하든 이렇게 요령 있게 잘 좀 해라.
요로코롬	요렇게.

요롱	1. 요령. 2. 조그만 방울.
요롱소리나게	빨리, 급히.
요분	요번. 예 요분에 집에 가마 쪼매 오래 있다가 와야겠다. → 요번에 집에 가면 좀 오래 있다가 와야겠다.
요새거터마	요즈음 같으면. 예 요새거터마 암것도 안코 집에마 있시마 좋겠다. → 요즈음 같으면 아무것도 안 하고 집에만 있었으면 좋겠다.
요저나페	요전에. 요번 전에. 앞전에.
요저납새	전에, 요전에.
욕밧다	수고했다, 고생했다.
욜마	요 녀석. 요놈. 예 욜마 바라! 니 요저납새 우리 삽짝 여풀데기에 쓰레 기 버리고 갔제. → 요 녀석 봐라! 너 전에 우리 집 대문 옆에 쓰레기 버리고 갔지?
우	위.
우두바다, 우두부다	움키다.
우두바 싸다	움켜 싸다.
우두커이	우두커니. 예 우두커이 섯지마고 몽창 우두바 싸라. 비 다 젖잖아. → 우두커니 서 있지 말고 모두 움켜 싸라. 비에 다 젖잖아.
우때서, 우때가	어때서.
우라묵다	우려먹다.
우로	위로.

우로우로	오른쪽으로(소 부릴 때 쓰는 말).
우루구로	억지로.
우리하다	욱신거리고 아프다.
	예 우루구로 수시 넣지마라. 우리하이 아파죽겠다. → 억지로 쑤셔 넣지 마라. 욱신거리고 아프다.
우붕	우엉.
우사	우세. 웃음거리.
우시개	우스개.
우신딴에, 우신에	우선에.
	예 우신딴에 여 쪼매 안자바라. → 우선에 여기 잠깐 앉아봐라.
우야꼬?	어떻게 할까?
우야던동, 우야던지, 우옛던동, 우짜던동	어쨌든.
우에	위에.
우예(가)	어찌. 어째(서).
우짜마, 우야마	1. 어떻게 하면.
	예 우짜마 공부를 그래 잘 하노? → 어떻게 하면 공부를 그렇게 잘 하니?
	2. 어쩌면
	예 우짜마 도와줄지도 모르겠다. → 어쩌면 도와줄지도 모른다.
우짜다가	어쩌다.
우짤(얄)끼라?	어떻게 할 거야? 어떻게 할래?
우짬미꺼?	어떻게 합니까?

우짭니꺼?	어떻게 합니까?
우째(가), 우예	어째(서). 어찌.
	예 우째가 니는 맨날 사고만 치노? → 어째서 너는 맨날 사고만 치냐?
울림짱	으름장.
울로	위로.
웃깍단	윗마을.
웅디	웅덩이.
	예 저 울로 가다보마 웃깍단에 웅디가 있을끼다. → 저 위로 가다 보면 윗마을에 웅덩이가 있을 거야.
워	서라, 멈춰라(소 부릴 때 쓰는 말).
원시	원수.
원시(이)	원숭이.
원캉	워낙.
	예 원캉 내자테 나뿐질을 마이해가 내자테는 원시다. → 워낙 나에게 나쁜 짓을 많이 해서 나한테는 원수다.
월케	올케.
위	참외.
유달시리	유별나게. 유별스럽게.
	예 저 위가 유달시리 크네. → 저 참외가 유별나게 크네.
육모초	익모초.
윤디	인두.
으림짱	으름장.
은(응)간하다	어지간하다.

음석	음식.
응개나무	엄나무.
	예 응개나무 너가 맛나게 음석 함 맹그러 바라. → 엄나무를 넣어서 맛있는 음식을 한번 만들어 봐라.
응어	아니(부정의 의사표시).
이기	이게, 이것이.
이끼리, 잇가리	고삐.
~이끼네	~니까.
	예 슬퍼이끼네 울지, 와 울겠노? → 슬프니까 울지, 왜 울겠니?
이노무손	이놈의 자식.
이따우	이따위, 요따위.
이래	이렇게.
이러쿠럼	이렇게.
이마이	이만큼, 이만치.
이바구	이야기.
	예 이러쿠럼 웃기는 이바구는 첨이다. → 이렇게 웃기는 이야기는 처음이다.
이부재	이웃.
이사라, 이서라	이어라.
이수다	잇다.
이승가리	이음매.
이자(인자)부터	이제부터.
	예 인자부터 끊어진 이승가리를 잘 이사라. → 이제부터 끊어진 이음매를 잘 이어라.

이자무굿다, **이자뭇다,** **이자뿟다**	잊다. 잊었다.
이자뿟다	안심이 되다.
이저꿈	이제껏, 여태껏.
이적(즉)지	여태. 지금까지.
이제사	이제야. 예 이제사 한숨 돌렸네. → 이제야 한숨 돌렸네.
이푸리	이파리, 잎사귀.
인녁	이녁(듣는 사람을 조금 낮추어 부르는 말). 당신.
인도, 인도고	이리 줘. 예 인도고 인자 내가 들고 가께. → 이리 줘 이제 내가 들고 갈게.
인자	이제. '이제야'의 느낌.
인자사	이제야.
인지	이제. 지금. '이제는'의 느낌. 예 인지 올끼가? → 이제 올 거냐? / 인지 가께. → 이 제 갈게.
일마	이 녀석.
일마절마	이놈 저놈.
일바시다, **일바치다**	일으켜 세우다.
일찌거이	일찌감치. 예 일찌거이 나서거라. → 일찌감치 출발해라.
입씨불	입술.

ス

자	저 아이.
자라자라	좌로좌로(왼쪽으로 가라는 뜻으로 소 부릴 때 쓰는 말).
자래	자라.
자래다	닿다. 예 니 저 우에 자래나? → 너 저 위에 닿니?
자랫다	잘했다(마음에 들만큼 충분하다).
자리	자루. 예 저 있는 자리바가이 가주고 보살 한 바가이마 퍼 온나. → 저기 있는 자루바가지로 보리쌀 한 바가지만 퍼 와.
자리다	자르다.
자바(버)서	싫어서.
자부래비(이)	잠꾸러기.
자부럽다	졸립다.
자불다	졸다. 예 자불지 말고 보초 잘 서래이. → 졸지 말고 보초 잘 서라.
자빠라지다, 자빠지다	넘어지다.
자빠티리다	자빠뜨리다.
자새	얼레.
자슥	자식. 예 자네 자슥이 몇이나 되노? → 자네 자식이 몇 명이나 되는가?
자시다	먹다의 높임말.

자안차	자전거. 예 자안차 한 대 장만했다. → 자전거 한 대 샀다.
자잔(전)구	자전거.
자죽, 재죽	자국.
자태	곁에, 옆에. 예 니자태 안즌 아가 누고? → 네 옆에 앉은 애가 누구니?
자테	에게. 예 니자테 자는 뭐고? → 너에게 쟤는 뭐니?
자판	상석(床石). 산소 앞에 놓는 돌판.
잔내비, 잘래비	원숭이.
잔어무이	작은 어머니.
잔할매	작은 할머니.
잔할부지, 잔할배	작은 할아버지.
잔죽고, 잔죽기	잠자코. 예 좀 잔죽고 있거라 시끄러버 죽겠다. → 좀 잠자코 있어라. 시끄럽다.
잔채이	잔챙이.
잘개(갱)이	자루.
잠티	잠꾸러기.
잠티정	잠투정. 예 저 잠티 이제 잠티정까지 한다. → 저 잠꾸러기 이제는 잠투정까지 한다.
장값하다	밥값하다(그날의 식사를 할 수 있을 만큼 책임진 일을 다 마침).

장개이	정강이.
장고리	장골(힘이 센 젊은이).
장똘배(뱅)이	장돌림(장날마다 옮겨 다니며 장사하는 사람).
재래기, 저래기	겉절이.
～재이	～장이, ～쟁이.
재우	겨우. 예 재우 기차 시간 맞찼다. → 겨우 기차 시간에 맞췄다.
재인어른	장인어른.
저	저기
저가배, 저가부지	자기 아버지.
저거	저희. 자기.
저거매	저 사람의 어머니. 자기 어머니. 예 자 저거매자테 마저가 울고 있다. → 쟤 자기 어머니 에게 맞아서 울고 있다.
저거꺼정	자기들끼리.
저까치	젓가락.
저너무손	저놈의 자식.
저(지)녁다배	저녁 무렵.
저(지)녁답	저녁때.
저(지)녁마중	저녁마다. 예 저녁마중 멀 그래 갖고 와샀노 저따 갔다나라. → 저 녁마다 뭘 그렇게 가지고 오니? 저기에다 가져다 놓 아라.
저따	저기에다.
저래	저렇게.

저러쿠롬	저렇게.
저아래	그끄저께. 그끄제.
저바라	저것 봐라.
	예 저 바라. 저아래까지 아푸다꼬 꾀병 부리더마 저래 팔팔하이 뛰댕긴다. → 저것 봐라. 그끄제까지 아프다고 꾀병 부리더니 저렇게 팔팔하게 뛰어다닌다.
저지리	저지레.
	예 야 이 자슥아. 저지리 좀 고마해라 → 이놈아, 저지레 그만 좀 해라.
저짜	저쪽.
저테	곁에. 옆에.
적사라	적셔라.
	예 자 요 헝겊쪼가리 물에 적사가 입막고 있거라. → 자, 이 헝겊쪼가리 물에 적셔서 입을 막고 있어라.
적솧다	적시다.
전다지	전부.
전디다	견디다.
전시(이), 전시다	전부.
전시만시	1. 전신만신(온몸). 2. 모두.
전신에	온통. 전부.
	예 전신에 멍투성이다. → 온통 멍투성이다.
전주다	겨누다.
전처(체)바꾸로	순서대로.
	예 잘 전자가 쏴바라, 전체바꾸로. → 잘 겨누어 쏴봐, 순서대로.
절단나다	끝장나다.

절로	저쪽으로.
	예 여서 이카지 마고 절로 가라. → 여기서 이러지 말고 저쪽으로 가거라.
절마는	저놈은.
절머(무)이	젊은이, 며느리.
점두룩	저물도록.
	예 점두룩 집에도 안 드가고 여서 머하노. → 저물도록 집에 안 들어가고 여기서 뭐하니?
점바치	점쟁이.
점빵	점방(조그만 잡화가게). 가게.
접사돈	겹사돈.
접새기, 접시기	접시.
젓미기	젖먹이.
정개이	정강이.
정구지	부추.
	예 정구지 찌짐이 차말로 마싯네. 접시기에 담어가 이부재 좀 가따 주고 온나. → 부추부침개가 정말 맛있네. 접시에 담아서 이웃집에 좀 갖다 주고 와.
정낭, 통시	화장실. 변소.
정울	저울.
정지, 정재	부엌.
	예 정재 가 바라. 니 물 꺼 쪼매 챙기났다. → 부엌에 가 봐라. 너 먹을 거 조금 챙겨 두었다.
정침하다	마음에 새겨 두다.
젖꼭다리	젖꼭지.

–제?	–지? 예 했제? → 했지? / 먹었제? → 먹었지? / 가 갔제? → 가지고 갔지?
제끼다	젖히다. 제치다. 예 쪼매 더 제끼바라. → 조금만 더 젖혀라. 예 쪼매마 더 힘내가 저놈 제끼바라. → 조금만 더 힘 내서 저 녀석 제쳐봐라.
제레기, 제리기	겉절이.
제북	제법.
제우	겨우.
제임	점심. 예 제리기에 밥 비비가 제우 제임 때웠네. → 겉절이에 밥 비벼서 겨우 점심 때웠네.
제(지)집	계집.
제피	산초.
젤이다	절이다.
조구	조기.
조(주)디	주둥이.
조라	줘라. 예 조구 살 잘 발라가 함 조바라. → 조기 살 잘 발라서 한번 줘봐.
조래(루)	물조리개.
조막디	조막. 조그만 사람.
조뿌라	줘 버려라. 예 조막디 같은 놈 묵고 살끼라고 애씬다. 이거 무라꼬 조뿌라. → 조그만 녀석이 먹고 살려고 애쓴다. 이거 먹으라고 줘 버려라.

ㅈ

조왔다	주워 왔다.
조우다	죄다. 조이다.
~조치랑	~조차(마저).
	예 너조치랑 내를 몬 믿는구나. → 너마저 나를 못 믿는구나.
조푸, 조피	두부.
좃다	주웠다. 주었다.
	예 이거 내가 좃다. → 이거 내가 주웠다.(주었다)
종내기	남자아이를 낮추어 부르는 말
종바리, 종재기	종지.
주	주워.
주(우)	바지.
	예 거 떨어진 주 좀 주 도고. → 거기 떨어져 있는 바지 좀 주워 줘.
주게	주걱.
주끼다	이야기하다. 말하다.
주디	주더니.
주디	주둥이. 입.
	예 고놈에 주디, 좀 고마 주끼라. → 그 입, 이야기 그만 좀 해라.
주라	주워라. 줘.
주리	잔돈, 거스름돈.
주무이	주머니.
	예 주리받은 거 주무이에 잘 여라. → 잔돈 받은 거 주머니에 잘 넣어라.
주묵	주먹.

~주이소	~주십시오.
줄(쭐)거리	줄기.
줄땡기기	줄다리기.
줄우다	줄이다. 예 우리 지출 좀 줄우자. → 우리 지출 좀 줄이자.
중매재이	중매쟁이.
중신애비	중매쟁이.
중태기	버들치.
지가	제가.
지기(이)미	젠장, 제기랄.
지긴다	죽인다. 좋다. 예 지기미 기분 나쁘게 맛은 지긴다. → 젠장 기분 나쁘게 맛은 좋다.
지끼다	지껄이다.
지나개나	아무나. 아무렇게나. 예 지나개나 좀 쳐 지끼지 마라. 시끄러버 죽겠다. → 아무렇게나 좀 지껄이지 마라. 시끄럽다.
지렁, 지렁장	간장.
지룩지, 지리	길이.
지름	기름.
지리개, 지래기, 지르개, 쪼리개	겉절이.
지부(불)리다	기울이다. 예 지름빙 지불이가 남은 지름 마자 따라라. → 기름병 기울여서 남은 기름을 마저 따라라.
지슴(심)	김. 잡초.

지업(엽)다	지겹다, 지루하다.
	예 죙일 파밭에 지슴 뽑블라카이 지어버 죽겠다. → 하루종일 파밭에서 잡초를 뽑으려니 너무 지겹다.
지줌	각자. 제가끔.
	예 지줌 알아서 다 가거라. 이젠 지엄어서 더는 몬지다리겠다. → 각자 알아서 가라. 이젠 지겨워서 더는 못기다리겠다.
지지바(배)	계집애.
지청	조청.
지침	기침.
지패(팽)이	지팡이.
지푸다	깊다.
지피	산초.
진진	곤지곤지.
진짜배기, 진짜배이	진짜.
질	길.
질금, 질굼	엿기름.
질깡	길가.
	예 저 자슥 술 초삐 되가 질깡에 쭉 뻗어가 자고 자빠졌다. → 저 녀석 술에 잔뜩 취해서 길가에 뻗어서 자고 있다.
질다	길다.
질딜이다	길들이다.

질매	길마(소등에 얹어 짐 나를 때 쓰는 도구). 예 소 등더리에 질매 언즐라 카마 질 잘 디리야 된데 이. → 소 등에 길마 지우려면 길들이기를 잘 해야 한다.
질이	길이
짐	김.
짐장짐치	김장김치.
집청	조청.
짚다	깊다.
짜	쪽. 예 저짜 이짜 가리지 말고 다 잘 해라마. → 저쪽 이쪽 가리지 말고 다 잘해라.
짜구	자귀(나무 깎을 때 사용하는 연장의 하나).
짜구나다	배가 터질 듯이 많이 먹어 탈이 나다.
짜다라, 짜다시리, 짜달시리, 짜드라	그다지. 예 짜다라 잘나도 몬한기 디기 까불고 자빠졌네. → 그 다지 잘나지도 못한 것이 되게 까불고 있네.
짜리다	자르다. 짧다.
짜리몽땅하다	작달막하다. 예 짜리몽땅하이 해가 대충 까불어라. → 작달막한 게 좀 까불지 마라.
짜매다	잡아매다, 매다.
짜치다	쪼들리다.
짜박하다	(국이나 찌개를 끓일 때) 물을 적게 잡아 끓임.
짝두	작두.
짝째기	짝짝이.

ㅈ

짱글다	자르다.
짱배기	정수리.
째리다	절다.
	예 절마는 노상 술에 째리가 저카고 있다. → 저 녀석은 항상 술에 절어서 저러고 있다.
째보	언청이.
째비다	꼬집다.
	예 지지바도 아이고 쫌 째비지 마라. → 계집애도 아니고 꼬집지 좀 마라.
짹기다	지리다.
쪼깨, 쪼매, 째매	조금.
쪼다	바보.
쪼대	찰흙.
	예 쪼맨할 때 쪼대 가지고 마이 놀았다. → 어릴 때 찰흙을 가지고 많이 놀았다.
쪼막	조막.
쪼막디	조막(주먹보다 작은 물건을 이름). 조그만 사람.
쪼맨은, 쪼맨한	작은.
쪼우다	죄다. 조이다.
쪼치다	쪼들리다.
	예 생활에 쪼치다보이 니자테 잘 몬해조가 미안테이. → 생활에 쪼들리다 보니 너에게 잘 해주지 못해 미안하다.
쪽바로	똑바로.
쪽배기	쪽박.
쪽자	국자.

쫀채이	땅딸이, 잔챙이.
쫌새(생)이	좀생이.
	예 쫌생이매로 해가 쪽바로 쫌 쳐다바라. → 좀생이처럼 그러지 말고 똑바로 쳐다봐.
쭈굴사리	주름살.
쭈굴시다	쭈그리다.
쭈굴시럽다	겸연쩍다, 민망하다, 낯부끄럽다.
쭉디기, 쭉디, 쭉대기	쭉정이.
쭐개이, 쭐거지, 쭐구지	줄기.
	예 들깨 쭐거지에 쭉디기만 남았다. → 들깨 줄기에 쭉정이만 남았다.
찌끄래기	찌꺼기.
찌끼미	지게미.
찌렁내	지린내.
찌리다	찌르다. 지르다.
찌이다	끼이다.
찌이다	잘 해주지 못해서 마음이 쓰이다.
	예 니 쪼맨할 때 생각하마 늘 찌인다. → 너 어릴 때 생각하면 잘 해주지 못해 늘 마음이 쓰인다.
찌지다	지지다.
찌질하다	지질하다.
찌짐	지짐이, 부침개.
찐맛없다	재미없다. 쑥스럽다. 멋쩍다.
	예 저 자슥은 진짜 찐맛엄따. → 저 녀석은 정말 재미없다.

찔개이	질경이.
찔기다	1. 질기다. 2. 지리다.
찔따라타	길다랗다.
찔쭘하다	길쭉하다.
찡구다	끼우다.
찡기다	끼(이)다.
찡꼴대다	찡얼대다. 칭얼대다.

예 찡꼴대지 말고 잘 쫌 찡가 바라 → 칭얼대지 말고
잘 끼워 봐라.

차게차게	차곡차곡.
	예 거 있는 박스들 한짜 차게차게 잘 싸나라 → 거기 있는 박스들 한쪽에 차곡차곡 잘 쌓아놓아라.
차랑	쇠구슬.
차말로	참말로. 정말로.
차맣다	예쁘다.
	예 저 샥시 차말로 차맣다. → 저 아가씨 정말 예쁘다.
차춤	차츰.
찬차이	찬찬히.
채다	빌리다. 술 취하다.
	예 돈 쪼매 채 도고. → 돈 조금만 빌려줘.
	예 술이 채가 자빠라져뿟다. → 술이 취해서 넘어졌다.
채리노코	차려놓고.
채이	키(곡식을 까부는 도구).
챔빗	참빗.
챙그(기)리다	챙기다. 가지런하게 하다.
천불난다	천불이 난다.
천사(상)	천생, 어쩔 수 없이.
	예 야가 와 이래 안 오노? 천사 니 혼자 갔다 온나. → 얘가 왜 이렇게 안 오지? 어쩔 수없이 너 혼자 갔다 와라.
천지다 (천지삐까리다)	많다(대단히 많다). 아주 많다.
	예 마이 엄따 카디 전신에 천지네. → 많이 없다고 하더니 온통 아주 많네.
천처이	천천히.

철기, 철개이	잠자리.
	예 천처이 살째기 가가 철개이 함 잡아바라 → 천천히 살짝 다가가서 잠자리 한번 잡아 봐
철딱서이	철딱서니.
철때반죽	여기저기 가리지 않고 처발라 놓다.
첨으로, 처므로	첫 번째로. 처음으로.
첩사이	첩실. 첩.
청마리	마루.
체보	우체부.
초삐	매일같이 술에 절어있는 사람. 주정뱅이.
촉	싹, 순.
촛대비	정강이.
추리하다	추레하다.
	예 추리하이 거기 머고 촛대비 조 차뿔라 마. → 추레하게 그게 뭐냐, 정강이 확 차 버릴라.
추마리	독, 항아리.
추버서	추워서.
추지다	축축하고 질다. 축축하다.
축구, 축끼, 축깨이	바보. 천치.
축담	집을 짓기 위해 마당에서 조금 높게 쌓아놓은 축.
축시다	축이다. 적시다.
춤	침.
	예 목말라도 좀 참고 춤으로 목 축시라. → 목말라도 조금만 참고 침으로 목을 축여라.

ㅊ

췌다	꾸다, 빌리다.
치도질	한길. 큰길. 예 치도질꺼정 가서 바라꼬 있다. → 큰길까지 가서 기다리고 있다.
치바다보다	쳐다보다.
치아라	치워라. 그만둬라.
치아뿌다	치워버리다. 그만두다.
치우다	딸을 시집 보내다. 예 저거 빨리 좀 치아야 될 낀데. → 저 녀석 빨리 시집 보내야 할 텐데.
치이	어레미. 키(곡식 등을 까부는 도구).
치키세우다	치켜세우다.
칠개이	칡. 예 이노무 자슥아 걸거치구로 와 이카노. 칠개이 뿌리 저짜로 좀 치아라. → 이 녀석아, 걸리적거리게 왜 이래. 칡뿌리 저쪽으로 좀 치워라.
칩다	춥다.
칭개	층계.

카다	말하다.
카더나?	하더냐?
	예 누가 니자테 돈 채달라 카더나? → 누가 너한테 돈 빌려 달라 하더냐?
카더라	하더라.
	예 칠구가 내자테 돈 채달라 카더라. → 칠규가 나한테 돈 빌려 달라고 하더라.
카드나?	하더냐?
카마	하면.
	예 그카마 니 엄마자테 머러캐인데이. → 그렇게 하면 너 어머니께 야단맞는다.
카마	보다.
	예 니카마 내가 억수로 더 잘한다. → 너보다 내가 훨씬 더 잘한다.
칸다	한다.
칸매기	칸막이.
칼치	갈치.
캉	~와, ~과.
	예 철구캉 어제 같이 있었다 캤자나. → 철규랑 어제 함께 있었다고 말했잖아.
캐노코	해놓고. 말해 놓고.
캐사민서	말하면서.
캐써	말해서.
캤나?	했냐?
	예 칠구야 니 돈 채달라 캤나? → 칠규야 너 돈 빌려 달라 했냐?

ㅋ

138

캤다	했다. 예 그래 캤다 와 → 그래 빌려 달라 했다 왜?
코따까리	코딱지.
코빵매이	코.
콧디, 콧떼기, 콧빼이	콧등.
콩지름	콩나물.
~쿠로	~ㅎ게, ~게. 예 귀찬쿠로 → 귀찮게
크단하다	커다랗다. 예 와 이번에 지른 콩지름은 어시 크단하다. → 와! 이번에 기른 콩나물은 엄청 커다랗다.
클났다	큰일났다.
키다	켜다. 예 클났다. 난로에 불 키다가 손등거리 딨다. → 큰일났다. 난로에 불 켜다가 손등을 데었다.

E

탁배기	막걸리, 탁주.
탕갈래	퉁가리.
태가리	턱.
태기치다	팽개치다.
	예 옷은 저다 태기치 노코 여서 머하노. → 옷은 저쪽에다 팽개쳐 놓고 여기서 뭐하니?
택	턱.
택구	택호(宅號).
택쪼가리, 턱주가리	아래턱
택도 없다	턱없다.
	예 택도 없는 소리 하지 마래이 → 턱없는 소리 하지 마라.
탱깃줄	탕갯줄.
탱주	탱자.
터래기, 터리기	털.
터래이, 터리(이)	털.
터베(비)기	더버기.
텃다	틀리다. 틀렸다.
	예 오늘 물괴기 낙수는 다 텃다. → 오늘 물고기 낚시는 틀렸다.
테베기	더비기.
토까이, 토깨이	토끼.
토끼다	도망치다.
	예 어데 토끼노 거 안 서나. → 어디 도망치냐? 거기 서!

ㅌ

톰배기	토막.
통빡	1. 어림짐작으로 대략 헤아림을 속되게 이르는 말.
	2. 얄팍한 생각이나 속셈을 속되게 이르는 말.
통시	화장실. 변소.
툭사(수)바리	뚝배기.
툭시기	자배기.
티기다	튀기다.
티박	면박, 타박.
	예 아 티박 좀 하지마라. → 애 면박 좀 주지마라.
티밥	튀밥.
팅구다	튕기다.

파다	후비다. 예 코딱지 좀 고마 파라 → 코딱지 그만 좀 후벼라.
파라이	파랗게.
파라쿠로	파랗게.
파래이	파리.
파이다	나쁘다. 별로다. 좋지 않다. 예 절마는 성질이 더러버가 니 친구지마 파이다. → 저 녀석은 성격이 안 좋아서 네 친구지만 별로다.
판	상(床). 밥상.
판때기	판자.
팔꾸무리	팔꿈치.
팔띠기	팔뚝. 팔. 예 니 그 팔띠기에 문신 안 지울래. → 너 팔에 문신 지 워라.
팔띠(이)	팔. 팔뚝.
팔랑개비	바람개비.
패밭다	뱉다. 예 니 아무 데나 춤 쫌 패밭고 그라지 마래이 → 너 아 무 데나 침 좀 뱉지 마라.
패이	팽이.
퍼뜩	얼른. 빨리.
퍼뜩하마	걸핏하면.
포시랍(럽)다	포실하다. 고생을 모르고 귀하게 자람을 이름. 예 포시라버가 그거도 몬하나? → 고생도 모르고 귀하 게 자라서 그것도 못 하나?
푸대짜루	포대.
풀쎄기	쐐기. 쐐기나방의 애벌레.

풍디, 풍데이	풍뎅이.
풍지박살	풍비박산(風飛雹散).
	예 친구를 잘몬 만내서 온 집안이 풍지박살 났다. → 친구를 잘못 만나서 온 집안이 풍비박산(風飛雹散)이다.
피기	삘기.
피기	포기.
피다	펴다.
피다	부리다.
	예 니 엄살피지 말고 퍼뜩 안일나나. → 너 엄살 부리지 말고 빨리 일어나라.
피래미	피라미.
피리	피라미.
핀지	편지.
핀찮다	편찮다, 아프다.
핀타	편하다.
	예 니는 여 있는 기 핀나? / 아이다 핀찬타. → 너는 여기 있는 거 편하냐? / 아니 편치 않다.
핏끼	삘기.
핑상	1. 평생, 2. 평상.
핑생	평생.

ㅎ

하고잡이	무슨 일이든 껴서 하고 싶어 하는 사람을 이름.
하구로	하게. 하도록. 예 퍼뜩 하구로 절로 좀 비끼라. → 빨리 하도록 저쪽으로 좀 비켜있어라.
하기사	하기야.
하도	너무.
하로	하루.
하마	하면.
하마, 하매	벌써. 이제. 곧. 예 하마 6시가 퍼뜩 퇴근하자. → 벌써 6시가 되었네. 얼른 퇴근하자.
하마나	이제나저제나. 예 하마나 올라나 싶어가 지둘고 있다. → 이제나저제나 오려나 싶어서 기다리고 있다.
하야이	하얗게.
하야쿠로	하얗게.
하이소	하십시오.
한(항)거	가득.
한거득	가득. 한가득.
한군자리	한군데. 예 여 한군자리에서 사고디를 항거 조옷다. → 여기 한군데서 다슬기를 가득 잡았다.
한다카이	한다니까.
한대	바깥에, 밖에.
한분	한번. 예 이분 한분만 한다카이 와 그카노. → 이번 한번만 한다니까 왜 그래.

한빨, 한빠알	한 방울.
한삐까리	한가득.
한주묵	한주먹.
	예 절마 저거는 한주묵꺼리도 안 되는 기 디기 까불락거리네. → 저 녀석은 한주먹거리도 안 되는 게 너무 까분다.
한참에	한꺼번에, 한번에.
한테	함께, 같이. 한곳에.
할랑하다	수월하다.
할마시, 할매, 할무이	할머니.
할배, 할부지	할아버지.
함보자	한번 보자, 두고 보자.
	예 니 나제 함 보자. → 너 나중에 두고 보자.
함부레	함부로, 아예.
	예 그런 생각은 함부레 하지말거래이. → 그런 생각은 아예 하지 마라.
항거	가득.
해거름참에	해거름에.
해곰	해감.
해그름	해거름.
해깝(꼽)다	가볍다.
	예 이거 해까븐 거 보이 빈 기네. → 이거 가벼운 거 보니까 빈 거네.
해나	행여나, 혹시나.
해딴에	해지기 전에(해가 있는 동안).

ㅎ

해때기	호드기. 버들피리.
	예 내캉 거랑가에 가까? 해때기 맹그러 주꾸마. → 나랑 개울가에 갈래? 버들피리 만들어 줄게.
해뿌마	하면.
해필	하필.
핵교	학교.
	예 해필 핵교 앞에서 이기 먼 짓이고. → 하필 학교 앞에서 이게 무슨 짓이냐?
행사머리, 행사구지	행동거지.
허패	허파.
헌디	부스럼. 헌데.
헌출하다	훤칠하다.
	예 그놈 참 헌출하이 잘 생깄는데 대가리에 헌디가 있노. → 그 녀석 참 훤칠하게 잘 생겼는데 머리에 부스럼이 있네.
헐끈	허리끈.
헐적하다	값이 싸다.
헐타	싸다.
	예 헐끈 이거 헐타 한 개 사자. → 허리띠 이거 싸다 하나 사자.
헹핀	형편.
	예 헹핀이 여의치 안아가 헐적 한 거로 샀다. → 형편이 좋지 않아서 값싼 거로 샀다.
호래이	호랑이.
호로새끼	후레자식.
호리(시)삥삐이	예삿일.

호리(시)뺑빼이다	식은 죽 먹기다. 쉽다.
호매이	호미.
호부래비, 호불애비	홀아비.
호시	재미
호시태우다	어른이 아이들에게 비행기 타는 기분이 들게 끔 해주는 놀이 또는 행위. 즐겁게 놀아줌을 의미하기도 함.
호작질	장난. 낙서. 예 언놈이 여다 호작질을 해났노? → 어떤 녀석이 여기에다 낙서를 해났어?
홀끼다	홀리다.
화근내	탄내.
화리	화로.
화토	화투.
회때기	호드기. 버들피리.
후재	나중에, 뒷날에. 예 후재 다시 오라카고 후처뿌라. → 나중에 다시 오라고 얘기하고 쫓아버려라.
후차(처)뿌라	쫓아버려라.
후처라	쫓아라.
후치다	내쫓다.
훌빈하다	허전하다. 엉성하다. 예 뭔가 훌빈한 기 기분이 빌로다. → 뭔가 허전한 것이 기분이 별로 좋지 않다.
훌찌	쟁기.

ㅎ

훌치다	훑다.
훌치다	훔치다. 물 따위를 그러모아 닦다.
	예 거 흘리 논 물 좀 훌치라. → 거기 흘린 물 좀 그러모아서 닦아라.
훼기	뻘기.
흔디	부스럼.
히마리	힘.
	예 에라이 이 히마리 없는 놈아. → 에라 이 힘없는 놈아(약해 빠진 놈).
히뿌다	헤프다.
히아리다	헤아리다.
히야	형아. 형.
히얀하다	희한하다.
	예 히야 이거 차말로 히얀하이 생깄다. → 형 이거 정말 희한하게 생겼다.
히푸다	헤프다.
히한하다	희한하다.

Part II

표준어로
대구말 찾기

가게	점빵.
가까워서	가까바서(가까버서).
가까워지다	가차바지다.
가깝다	가죽다. 가즉다. 가찹다. 개작다.
가끔	간가이.
가느다랗다	가느다리하다.
가늘다	가느다. 가느리하다.
가두다	가둫다.
가두어놓아라	가다나라.
가두어라	가다라.
가두어서	가다서.
가둬두다	가다놓다.
가득	항거. 한거. 한거덕.
가뜩이나	가따나.
가랑이	가래이.
가려라	가라라.
가려서	가라서.
가루	가리.
가루다	갋다.
가르다(나누다)	가리다.
가르마	가리매.
가르쳐주다	갈차주다.

가르치다	가리치다.
가리다	가롱다.
가리키다	가리치다.
가마	가매.
가마니	가마때기. 가마이.
가만히	가마이.
가면	~가뿌마, ~가마.
가물치	가무치.
가버렸다	가뿟다.
가볍다	해꼽다, 해깝다.
가볍다	개굽다, 개곱다, 개갑다.
가시랭이	까시래기.
가에	가세.
가운데	가분데.
가위	가씨개. 가세.
가을	가실.
가을걷이	가실거지.
가장자리에	가세.
가재	까재.
가지고	가주고.
가지고 가세요	가가이소.
가지런하게 하다	간추리다. 챙그리다.
가지런하다	간주(지)름하다. 간추룸하다.
가지런히	간주(지)름이. 가지러이.
가파르다	까풀막지다, 개팔지다, 깨빨지다.
각목	각기목. 각구목. 가께목.

각자	시줌. 지줌.
간	간띠(이).
간난아기	간얼라. 깐얼라.
간에 기별도 안 간다	기꾸도 안 한다.
간장	지렁. 지렁장.
간지럼 태우다, 간지럽히다	간지리다.
간지럽다	근지럽다.
간짓대	간지때이. 간짓대이.
갈게	가께.
갈치	칼치.
갈퀴	까꾸리. 까꾸래이.
감감하다	감가무리하다.
감나무	감남기. 감낭구.
감주	단술.
감추다	숨쿠다. 숭쿠타.
갑자기	각중에.
갑작스럽게	갑작시리.
값이 싸다	헐적하다, 헐타.
갓난아기	간얼라.
갔다	가삣다
강변	갱분. 갱빈.
강아지	강새이, 강생이.
강정	강밥. 박상.
같다	겉다.
같이	한테.
개다	개비(피)다.

개똥벌레	개똥벌거지, 개똥벌개이.
개비	가(까)치.
개비	까치.
개암나무 열매	깨금. 깨곰.
개울	거랑. 걸. 걸깡.
개평	갱핀.
개호주(범의 새끼)	갈가지.
개흙	구케.
갸름하다	게롬하다.
거기	거.
거기나 여기나	거나여나.
거꾸로	꺼꾸리.
거다	끼다.
거두다	거둫다.
거라	거래이.
거머리	검처(추)리.
거무튀튀하다	꺼무티티하다.
거미	거무.
거스러미	까시래기.
거슬리다	거슬치다.
거울	민경.
거위	거우.
거의	얼축.
거적	꺼지기.
거지	걸배이. 거렁뱅이. 거러지.
거칠다	걸다(말 따위가 거칠다).

거품	버꿈.
건네주다	앗아주다. 아서주다.
건더기	껀디. 껀디기.
건빵	간빵.
걸리적거리다	글거치다. 정글치다. 걸거(기)적거리다.
걸신들다	건글들다.
걸핏하면	뻐뜩하마. 퍼뜩하마.
걸핏하면	거(꺼)뜩하마. 꺼떡하마.
검둥이	깜디.
검정	깜장. 껌정.
겁을 주다	왈기다(으름장을 놓다).
겉모양	때깔.
겉절이	제래기, 저래기, 지래기, 지리기.
～게	～구로, ～쿠로.
게	끼.
게우다	게내다.
게으르다	깨을밧다, 깰밧다.
게으름뱅이	갤배이, 깰배이.
겨누다	전주다.
겨루다	버가다.
겨우	제우, 게우, 꼴랑.
겨우겨우	근거이.
견디다	전디다.
겸연쩍다	쭈굴시럽다.
겹사돈	접사돈

경사가 심하다	개팔지다, 깨빨지다.
곁다리	겉다리.
곁에	저테, 자테.
계	기추.
계란	게랄.
계속	내리.
계집	기집. 제(지)집.
계집애	가시나, 가시내, 지지바(배). 기지바(배)
고갯마루	고개(갠)말래이, 고개마래이. 고개(갠)마리.
고갱이	꼬개이.
고구마	고구매. 고매.
고기	괴기, 게기.
고누	꼰.
고둥	고디, 논고디.
고들빼기	고들빼이.
고르다	고리다.
고리	골개이.
고리	당시기.
고마리	가마이떼기.
고무래	곰배. 당그래.
고비	깨치미.
고삐	이까리.
고생했다	욕밧다.
고소하다	오지다(남이 잘못되었을 때 약 올리는 말).

고소하다, 구수하다	고시다, 꼬시다, 구시다.
고수레	고시내. 고시레.
고스란히	고시라이.
고양이	고네기, 고네이, 꼬네이, 살찌.
고염	깨양.
고자질하다	꼬질러바치다. 꼬지르다.
고쟁이	꼬장주.
고추	꼬치.
고추장	꼬장.
고함치다	가물지르다.
곡괭이	목깨이. 목깽이. 못깨이.
곡괭이	곡개이. 곳깨이. 꼭깨이.
곡식	곡석.
곤지곤지	진진.
곧게 펴다	바루다.
골다 (코를)	기리다.
골뚜기	수루매.
골백번	골백분.
골찌	꼴빼이, 꼴삐.
골탕	고랑태이.
곯다	공기다.
곰팡이	곰패이.
곱다	곧다. 손, 발가락이 얼어서 감각이 없는 상태.
곱사등이	곱사디이. 꼽새.
곱추	꼽새.

공짜다	공꺼다, 공끼다.
곶감	곡감. 꼭감.
~과	캉.
과자	까자.
광주리	강지리.
괜찮다	개안타.
괜히	맥지로, 백지로.
괜히	백지로, 배끼, 맥지로.
괭이	깨이.
괴다	공구다.
괴롭히다	공구다. 갈구다.
구경	기(귀)경.
구기다	꾸개다.
구더기	구디기, 구더리, 구데기.
구덩이	구디, 구디기.
구들목	구둘목.
구렁이	구리.
구르다	구불다.
구르다	굴리다. 발을 구르다.
구린내	꾸룽내.
구린내가 난다	꼬리(꾸리)하다.
구멍	구무, 구녕, 굼게. 굼기.
구멍	빵구.
구석	기티.
구수하다	구시다.
구슬	구실.

구시렁거리다	군지렁거리다(대다).
구역질	꽤악질.
구정물	꾸중물
국밥	밥국.
국수	국시.
군것질	군닙질.
군내	군둥내.
굳은살	구둥살. 구둔살.
굴렁쇠	동테.
굴젓	꾸젓.
궁둥이	궁디.
궤, 궤짝	기짝.
귀신	미구.
귀싸대기	기빵매이.
귀싸대기	귀퉁배기, 귀퉁배이.
귀이개	기쑤시개.
귀지(귀에지)	귀채이.
귀찮게하다	갈구다.
귀찮다	송신타.
귀퉁이	귀티이. 기티.
귀하다	기럽다.
귀해서	기러버서.
그것이나마	그기이따나, 그긴따나.
그거야	그기사.
그까짓 거(쯤이야)	까아지꺼. 그까(이)꺼.
그끄저께, 그끄제	저아래.

그냥	기냥.
그냥 두다	나뚜다, 내비두다, 냅뚜다, 내비나뚜다.
그놈, 그 자식	글마.
그늘	그렁지.
그다지	짜다라, 짜드라, 짜달시리, 짜다시리.
그대로 놔두다	내비두다, 냅뚜다.
그따위	그따구. 고따구.
그따위로	거(고)따구로.
그래서	그래가.
그러게	그케.
그러고 보니	그라고보이. 그카고보이.
그러니까	그라이끼네.
그러면	그라마.
그렇게 이미 말했잖아	그카이끼네.
그렇게 하니까	그카이끼네.
그렇게 할 거다	그랄끼다.
그렇게 해도 억울할 것 없다	그캐도 싸다.
그렇지?	그자?
그릇	그럭.
그리다 (그림을)	기리다.
그리마	시렁거무.
그리워서	기러버서.
그리하다	그라다.
그리하여	그래가.

그만	고마. 고만.
그만두다	간두다.
그만 둘 거다	말끼다.
그만이다	고마이다.
그 사람	가.
그 사이에	고단새, 그단새.
그 아이	가.
그으름	꺼시름.
그을리다	꺼실리다.
그저께	아래.
그 정도로, 그렇게	그러쿰.
그쪽에도	그짜(아)도.
그치다	근치다.
근지럽다	근거럽다.
긁다	근질다.
긁다	까래비다.
긁어 모은다	껌다. 껄다.
긁히다	글키다. 껄키다. 까래피다. 까래비키다.
급하게	요롱소리나게.
긋다 (성냥을)	기리다.
긋다 (칼 따위를)	기리다.
기가 죽은 모양	십주구리하다. 시쭈구리하다.
기겁하다	시껍하다.
기다리고(준비하고) 있다	바라꼬 있다.
기름	지름.

기름지다	걸다.
기분이 안 좋아 속상하다	밸이 꼴리다.
기울이다	지불리다, 지부리다.
기침	지침.
긴가민가 하다	아리까리하다.
길가	질깡.
길다	질다.
길다랗다	찔따라타.
길들이다	질딜이다.
길마	질매.
길어	기노?
길이	지리. 지륵지. 기럭지.
길쭉하다	찔쭘하다.
김	짐.
김	지슴(심).
김치	짐치.
깊다	짚다, 지푸다.
까뒤집다	까디비다.
까마귀	까마구.
까먹다	까묵다.
까뭉개다	까문대다.
까지	까정. 꺼정.
까치	깐채이.
깍쟁이	깍재이.
깔끄럽다	까끄랍다.
깔축없다	여척엄따.

깨끗하다, 깔끔하다	깨꿈받다.
깨우다	깨배다.
깨워라	깨배라.
꺼뜨리다	꺼줏타, 꺼주다.
꺾다	뿔루다.
꺾어버리다	뿔라뿌다.
껍데기	껍디기.
껍질	꺼풀.
～께	～꾸마.
꼬투리	꽁다리.
꼬나보다	꼴시보다. 뽈시다.
꼬리	꼬랑대기, 꼬랑대이.
꼬집다	째비다.
꼬챙이	꼬장가리. 꼬장개이. 꼬재이. 꼬징개이.
꼬투리	꼬타리. 꼬다리.
꼭꼭	매(에)매(에).
꼭대기	꼭두배기.꼭두배이. 만대이.
꼭지	꼭따리.
꼴(모양), 꼬락서니	꼬라지.
꼴찌	꼬래비. 꼼바리, 꼼빼이. 꼬바리.
꼼수	더덤수.
꼽꼽하다(약간 촉촉하다)	꼬꼬부리하다.
꽁지	꽁다리.
꽃뱀	너불때.
꽹과리	매구.

꾸미	끼미.
꾸부리다	꾸구리다.
꾼	절나이, 질나이.
꿩	꽁.
꿰매다	꼬매다.
끄나풀(끈)	끄내끼.
끄무레하다	꾸룸하다.
끈	이까리.
끓이다	끼리다
끗발	끌빨.
끝맺음	매조지.
끝에	끈티.
끝장나다	절단나다.
끼니때, 밥 먹을 시간	밥때.
끼닛거리	때꺼리.
끼다	낑구다. 찡구다.
끼우다	낑구다. 찡구다.
끼이다	낑기다. 찡기다.
끼이다	찌이다.

ㄴ

나누다	가리다. 농구다. 농가르다. 논구다. 논가르다.
나누다	노누타.
나누어 먹다	갈라묵다. 나나묵다.
나누어 주다	나나주다, 갈라주다.
나눠	노나. 농가. 논가.
나다니다	나댕기다.
나란히	나라이.
나르다	나리다.
나무	낭개. 남개. 낭구.
나무로 된 베게, 목침	몽치미.
나무막대기	꼬장가리. 꼬장개이. 꼬재이. 꼬징개이.
나무 동강	똥가리.
나쁘다	파이다.
나이	나.
나이 많다고?	나만타꼬.
나이 많은 사람	나만사람.
나잇살	나살.
나중에	나주, 나제.
나중에	냉중에, 냉주.
나중에	디에.

나중에	후재.
나흘날	나안날.
나흘	나알.
낙서	호작질.
낚시	낙수.
낟가리	삐까리.
날씨가 흐리다	꾸룸하다. 꾸무리하다
날씬하다	깔삼하다.
날아가다	날라가다.
남	넘.
남기다	낭구다.
남새밭	남수밭.
남우세	남사. 남세.
남의	나무. 너무.
남의 것	나무꺼.
남이야	남이사.
남자애	머스마, 머시마. 종내기.
납작하게 하다	납딸개다.
납작하다	납닥하다.
낫게	낫끼(평소보다 좋게).
낯부끄럽다	쭈굴시럽다.
낯설다	나서다.
내내	내도록.
내놓다	내다.
내동댕이치다	내동개이치다. 때기치다.
내려	내리.

내려치다	태기치다, 때기치다.
내버려두다	냅두다. 내비두다.
내버려두다	나뚜다, 냅뚜다, 내비나뚜다.
내버리다	내빼리다. 애빼리다.
내외간에	내우간에.
내일	낼. 니일.
냄새	내미.
냅다	내그랍다(연기 따위로 눈이 맵다).
냇가, 강변	갱분, 갱부랑, 그랑. 거랑.
냇물	걸물. 거랑물.
냉이	야시개이.
~(으)냐?	~나?
~냐	~가.
너	니.
너 어머니	지이미, 지기미, 니이미, 니기미(욕할 때).
너 거냐?	니끼가?
너머	너매.
너무	하도.
너하고 나하고, 너랑나랑	니캉내캉.
너희	너그.
너희 아버지	너가배, 너가부지.
너희 엄마	너검매, 너거매.
넌지시	실찌기.
널빤지, 널빤지	널판때기.
널찍하다	널널하다.

넓다	널널하다.
넓적하다	넙드거리하다.
넓히다	널쿠다.
넘겨짚기	넘구치기.
넘기다	넘구다. 넝구다.
넘어지다	구부러지다. 자빠라지다.
넘어뜨리다	넘구치다. 넝구치다.
넘쳐 흐를 정도로 많다	쌔고 쌧다.
넣다	옇다.
네거냐?	니끼가?
노랑이	노래(랭)이.
노래기	노랑각시.
노려보다	꼴시보다. 뽈시다.
노루	놀개이. 노리.
노루발못뽑이	빠루.
노르스름하다	노리끼리하다. 노리땡땡하다.
노린내	노랑내.
녹두	녹디.
녹이다	노쿠다.
논두렁	논뚜룩.
논배미	논도가리.
놀리다	애달구다.
놈팡이	놈패이, 놈팽이
놋그릇	녹그륵.
농땡이	농띠.
높다	노푸다.

놓아	나아.
놓쳤다	떨가뿟다.
놓치다	뜰가뿌다. 떨굿타.
누구	누.
누나	누부, 누.
누다	누삐다.
누룽지	누룽밥.
누르께하다	누리(뉘리)끼리하다.
누르다	누지리다.
누비이불	니비이불.
누에	뉘비.
누워 자다	디비자다.
눅눅하다	꿉꿉하다.
눈 주위	눈떠부리.
눈	눈까리.
눈곱	눈꼽, 눈꼽재이.
눈동자	눈까리.
눈두덩	눈티, 눈탱이.
눈시울	눈시불.
눈을 부릅뜨다	뽈시다.
~느냐?	~나?
~느냐? ~(으)냐?	~노?
늘	노다지. 노상.
늘	사시로.
늘	사알디리.
늘리다	늘쿠다, 늘캐다.

늘이다	늘개다, 늘구다.
늘품	늘픈수.
늙으니	늘그이.
늙은이	늘그이.
능구렁이	능구리.
능글맞다	능글밧다.
늦게	느까
늦심기	늦싱기(늦은 모심기).

ㄷ

다니다	댕기다.
다래끼	다리깨.
다른 사람	다리(이).
다리	달가지, 달구지, 다리몽대이.
다리미	내리미.
다만	다문.
다물다	다무리다.
다부지다	다구지다.
다슬기	사고디.
다시	다부. 다부로.
다오	도고, 도(오).
단 음식을 먹고 난 후 속이 울렁거린다	다린다.
단단히, 실수하지 말고 제대로(확실히)	단디(이), 단다이.
달걀	달갈, 달알.
달다	달달하다.
달라붙다	엉기다.
달래	달내이.
달래다	달개다.
달아나다	다알나다, 달나다. 달라빼다.
달집	달굿집.

달짝지근하다	달삭하다.
닭	달구. 달구새끼.
닭고기	닥게기.
닭벼슬	닥베실.
닭장	달구장.
담	담부락, 담비락.
담요	꺼지기.
당신	인넉.
닿다	대이다, 자래다.
대	다이.
대(초본식물줄기)	대개이. 대궁.
대단히	억시, 억수로, 억발로.
대단히 많이	몽창시리.
대접	대지비 .
더구나, 더군다나	더분다나.
더듬더듬하다	더더부리하다.
더미	삐까리.
더버기	터베(비)기. 테베기.
더욱이나	더우더나.
더위	더우.
더 이상 하고 싶지 않다	덧정없다.
덕석	덕시기.
덜	더러.
덤불	덤부래기.
덤터기	덤티기.
덧나다	도지다.

덩어리	덩거리.
덩치	모타리.
데다	디다.
데려다주다	데부(불)다주다.
데리고 가다	데불고가다.
데리고 가다	델꼬가다.
데우다	따수다.
데우다, 덥히다	더푸다, 데푸다, 데파다, 데피다.
도급	돗내기, 돈내기.
도깨비	도째비.
도끼	도치.
도대체	도시.
도라지	도래. 돌개.
도랑	고랑. 도구.
도련님	되렴, 대렴, 디렴.
도로	다부. 다부로.
~도록	~구로.
도망치다	다알나다, 달나다. 달라빼다.
도망치다	내빼다. 토끼다.
도토리	꿀밤.
돌	돌삐.
돌나물, 돗나물	돈내이.
돌담	돌담부락. 돌담삐락.
돌덩이	돌디(이).
돌맹이	돌미(이).
돌쩌귀	돌짜구.

동강	동가리. 똥가리.
동강내다	똥가르다.
동그라미	동글배이, 똥글배이. 똥골배(뱅)이.
동그랗다	땡구라타.
동네	깍단.
동생	동상.
동서	동세.
되, 됫박	도배기.
되게	디기.
되다	디다.
되바라지다	데라지다.
된장	딘장.
두고 보자	함보자.
두드리다	뚜디리다.
두레박	뚜루(레)박.
두루마기	두루매기.
두부	더부. 조푸, 조피.
두벌일	두불일.
둥우리	둥지리.
뒤늦게	가리느까(께).
뒤적거리다	디비다.
뒤주	두지.
뒤집다	디비다.
뒤집어지다	디비지다.
뒷날에	후재.
드문드문	더러. 따문따문.

들르다	들리다.
들어가다	드가다.
들여다 보다	들따보다.
들은 체 만 체 대꾸도 없다	기꾸도 안 한다.
들입다	디립따, 디릿따.
들키다	데덩키다. 뽀롱나다.
등	등더리. 등어리.
등겨	딩개, 등개, 딩기.
등신	디티, 또디기.
따귀, 뺨따귀	따구.
따뜻하다	뜨시다. 따시다.
따위	따구.
따지는 모양	따박따박.
딱지	때기. 따까리.
딸기	따알(딸).
땀떼(띠)기	땀띠.
땅거미	어둡사리.
땅딸막하다	땅따리하다.
땅딸이, 땅딸보	쫀채이.
땅벌	땡삐.
땅뺏기(놀이)	땅따묵기.
때늦게	가리느까. 가리느께.
때리다	쌔리다.
때문에	때메.
땡고함을 지르다	쌩가물지리다.
땡볕	땡빛.

떡메	곰배.
떨어뜨리다	널짜다, 널쭈다. 떨굿타.
떨어지다	널찌다.
떨이	떠리미.
떼거리	떼거지, 떼까리.
떼다	띠다.
떼어먹다	띠묵다.
떼였다	띠잇다.
똑똑한 사람	똑띠(이).
똑똑히	똑띠(이).
똑바로	쪽바로.
똘마니	똘마이.
똥이 마렵다	똥누럽다.
똥장군	똥추마리.
똬리	따배이.
뚜껑	따까리, 띠비이, 따배이, 따께이.
뚝배기	툭수바리.
뚝새풀	독새.
뚱보	뚱띠(이).
뜨뜻미지근하다	뜨뜨무리하다.
뜬금 없는 소리	등떠분한소리. 등떠분소리.

ㄹ

∼ㄹ 거다	∼ㄹ 끼다.
∼라	∼레이.
라디오	라지오.
로션	구리무.
리어카	니아까.
∼른다	린다.

마구간	마구.
마누라	마느래.
마다	마중.
마대	마다리.
마루	마리. 청마리.
마을	마실. 깍단.
마을의 한쪽	깍단.
마음이	매(에)미.
마저	마자.
마침맞다	마치맞다.
막걸리	탁배기.
막내	막내이.
막다	막후다.
막둥이, 막내	막디이.
막무가내로	디립따, 디릿따.
만고에	만구에.
만들다	맹글다.
많다	쌔고쌧다.
많다(대단히 많다)	천지다(천지삐까리다).
많이	마이.
말	망새이.
말갛게	맬가이.

말갛다	맬갛다.
말귀	말끼.
말더듬이	더더부리.
말뚝	말목.
말리다	말기다.
말씀	말심.
말이 거칠다	걸다.
말하다	카다. 샇다.
말하면서	캐사면서.
망아지	망새이.
망태기	망태.
망할 징조	망쪼.
맞먹다	막묵다.
매끄럽다	맨드랍다.
매다	짜매다.
매미	매래이.
매생이	싱기이.
매우	억수로, 억시, 억발로. 억시기, 어시.
매우 많다	엄버지기(대단히 많은 양), 어시 만타.
맥	매가리.
맴돌다	뺑빼이돌다.
맵다	맹그랍다(연기 따위로 눈이 맵다).
머루	머리, 머래.
머리	대갈빼기, 대갈빼이.

머리카락	멀꺼디
머위	머구
먹게(끔)	무꾸로.
먹고 싶다	묵구접다. 묵고잡다.
먹다	자시다(먹다의 높임말).
먹어라	무라.
먹었나?	무운나? 무것나?
먹었다	무웃다, 무것다.
먹여도	미이도.
먹이다	믹이다.
먼저	머여. 먼지.
먼지	문지.
멋을 내다	갈롱내다, 갈롱지기다.
멋쩍다	찐맛엄따.
멍석	덕시기.
멍청하다	디디하다.
메기	미기.
메뚜기	메띠기, 메떼기.
메밀	미물, 메물.
메다	미이다(목이 메다).
메슥메슥하다	미싱미싱하다.
메주	미주, 미지.
멜빵	걸빵.
며느리	미느리, 매느리, 미늘.
며느리(젊은이)	절무이, 절머이.
멱살	맥사리, 맥살.

~면	~마.
면박	티박. 민박.
면장	민장.
멸치	메르치, 며르치.
명경	민경. 민갱.
명아주	도토라지.
명줄	밍줄.
명태	밍태.
모과	모개.
모기	모개이, 머개이, 머구.
모기장	방장.
모두	말짱.
모두	마카. 몽창시리. 오만거.
모두	모도. 말카.
모두다	말카다.
모든 거	오만거.
모래	모리.
모른다	모린다.
모아놓고	모다놓고.
모아서	모다가.
모아서 움켜쥐다	오두바다, 오두부다.
모여라	모지(디)라.
모으다	모두다.
모이	모씨.
모이다	어불리다.
모조리	모지리.

모퉁이	모래이, 모티(이).
목	모가지, 모간지.
목욕	목간. 모욕.
목침	몽치미.
몰래 훔치다	뚱치다.
몸뚱이	몸띠.
몸살	널치.
못–	몬–.
못난이	몬내이, 몬내미.
못단	모치미.
못살게 하다	갈구다.
못생기고 맘에 들지 않는다	목딱겉다.
못자리	모구자리.
못하다	몬하다.
못한다	모한다, 모난다. 몬한다.
몽땅	몽창.
묘(무덤)	밋등.
무	무시.
무겁다	무쭈(구)리하다, 무찔하다, 모쪼리하다, 모찔하다.
무더기	무디, 무디기, 모데기.
무던히	무다이.
무릎	물팍.
무명	미영.
무명씨	밍씨.
무서워라	무시라. 무서버라.

무슨	머언. 무신.
무얼 하려고?	말라꼬?
무엇	머.
무엇인지도 모르고	멋도모리고, 못도모리고.
무자치	무자수. 물자수.
무지렁이	무지레이.
무청	무시파리.
묵직하다	무쭐하다.
묶다	무꾸(까)다.
문둥이	문디.
문제아	거채이.
문지르다	문때다.
묻히다	문치다.
물건이나 일손을 옆에서 거들어주다	아서주다.
물골	도구.
물러지다	물캐지다.
물뱀	무자수. 물자수.
물뿌리개	물조루. 물조리.
물이 먹고 싶다	물 씨(이)다.
물컹해지다	물캐지다.
뭇매	다구리.
뭉텅이	뭉티기.
뭐	머.
뭐냐?	머꼬?
뭐라고 했나?	머라카더노?, 머라캣노?

뭐라고 말하더냐?	머라카더나?
미꾸라지	미꾸래이.
미워하다	미버하다.
미치광이	미친개이.
민망하다	쭈굴시럽다.
밀기울	밀지불.
밉보이다	밉비다.
밉상스럽다	미깔시럽다.
밑바닥	미자바리.
밑지다	밑가다. 밋가다.

ㅂ

바가지	바가이. 바가치.
바구미	바기미.
바깥에	한데.
바뀌다	배끼다.
바닥	미자바리.
바람개비	팔랑개비.
바로	바리.
바르게 하다	바루다.
바르다	바리다.
바보	등신, 쪼다. 몽곤.
바보	축끼, 축구, 축깨이.
바쁘게, 바로 즉시	배삐.
바위	방구, 바우.
바지	주(우).
바지게	바소고리.
바퀴	바꾸. 동테.
밖에	배까테, 바까테.
밖에	한데.
반	반튼(틈).
반딧불이	개똥벌거지, 개똥벌개이.
반편이	밤피. 반피. 반푸이.
받침	다이.

발각되다	뽀롱나다. 데덩키다.
발 고린내	발꼬랑내.
발등	발등더리.
발목	발모가지, 발목대이. 발목재이.
발자국	발자죽.
밟고 다니다	삐대다.
밤송이	밤씨(이).
밥값	장값(식사를 할 수 있을 만큼 할 일을 다 했을 때).
밥상, 상(床)	판.
밥알	밥풀띠기(때기), 밥띳꺼리, 밥떠꺼리.
방망이	방매이.
방문하다	들따보다.
방울	빠알.
방울	요롱.
배	배때지. 배(애)지.
배가 터질듯이 많이 먹어 탈이 나다	짜구나다.
배꼽	배꾸뭉, 배꾸무, 배꾸멍.
배추	뱁추, 배차, 뱁차.
뱀	배암.
뱉다	패밭다.
~버려라	~뿌라.
버들피리	해때기.
버르장머리, 버릇	버르재이.

버리다	베리다. 애빼리다. 내빼리다.
번데기	번디기.
번드레하다	뻔드그리하다.
번잡하다	분답다.
벌레	벌개이.
벌리다	벌시다.
벌써	버시로, 버여, 하마, 하매, 벌시로.
벗기다	삐끼다, 뻬끼다.
벙어리	버부리. 버부래이.
베(삼베)	비.
베개	비개.
베끼다	뻬끼다.
베다	비키다.
베이다	비다. 비키다.
벼	나락.
벼락	노숭.
벼르다	비라다, 베루다.
벼리다	베루다.
벼슬	벼실, 비슬.
벼슬	베실, 베슬.
벽	비름박, 비릉박.
변소	정낭, 통시, 빈소.
별나다	빌라다.
별로	빌로.
별로다	파이다.

별로 좋지 않다	꾸룸하다.
별 볼 일 없다	시장시럽다.
별스럽다	벨시럽다.
별안간	벨안간.
볍씨	씨나락.
볏	베실.
병	빙.
병신	빙시
병아리	삐가리, 삐개이.
보기가 민망스러울 정도로 그 모양이나 폼새가 별로일 때	몽창시럽다.
보늬(밤, 도토리 등의 속껍질)	부니, 버니.
보다	카마.
보리쌀	보살.
보아라, 봐라	바라.
보여줘	비(이)도. 비도고.
보이다	비(이)다.
보자기	바쁘재, 보재기. 보따리.
보퉁이	보따리.
보푸라기	보푸레이.
복사하다(필사하다)	빼끼다.
복숭아	복숭.
본체만체	본동만동.
볼그족족하다	뽈고족족하다.
봉지	봉다리.
봐라	바라바라. 바라.

부뚜막	부떠막.
부러트리다	뿔라뿌다.
부르뜨리다	뿌루다.
부르트다	불키다. 부루키다.
~부리다	~피다.
부수다	뿌수다.
부스럼	부시럼.
부스럼	흔디. 헌디.
부아	부애.
부엌	정지. 정재. 부죽. 부적.
부조	부주.
부조금	부줏돈.
부지깽이	부지깨이.
부처	부체.
부추	정구지.
부침개	찌짐.
부터	부텀.
부풀리다	불우다.
북데기	뿍디기.
불그죽죽하다	뿔구죽죽하다.
불리다	불우다.
불쏘시개	불살개.
불순하다	꼬리하다. 꼬롬하다.
불을 켜다	불써다.
불한당	부란당.
붓대	붓자리.

비기다	다이다이다.
비누	사분.
비닐	비니루.
비등비등하다	다이다이다.
비린내	비렁내, 비링내.
비슷하다	비스무리하다.
비옥하다	걸다.
비위가 상할 정도로 싫다	거슬친다.
비좁다	소잡다.
비치다	삐치다.
비켜라	비키라. 비끼라.
비키다	비끼다.
비탈	비알.
비탈지다	깨빨지다. 개팔지다.
빈손으로	빈걸로.
빌리다	췌다(돈 따위를).
빗자루	비짜리, 비짜루.
빠뜨리다	빠주다. 빠티리다.
빨간	뻴간.
빨갛게	빨갛구로.
빨갱이	뻴개이.
빨리, 바로, 즉시	퍼뜩, 얼렁, 새기.
빨리	쌔기. 얼렁, 언능. 퍼뜩.
빨리	요롱소리나게.
빼앗기다	빼끌리다. 빼끼다.
빽빽하다	소물다.

뻐끔하다	뻐꿈하다.
뻐드렁니	뻐덩니.
뻥튀기	박상.
뼈	삐가지.
뼈다귀	뻑다구.
뾰루지, 뾰두라지	뽀드락지.
뾰족구두	삐딱구두.
뿌려 놓았다	뿌리났다.
뿐이다	뿌이다.
삐지다	뺏기다, 삐짓다.
삐치다	삐짓다. 뺏기다.
삘기	핏끼.

사금파리	새금파리.
사기로 된 물 긷는 그릇	버지기, 사구.
사나이	사나(아).
사나흘	사날, 사나알.
사납다	상그랍다.
사내	사나(아).
사립문	사랍문.
사위	사우.
사족(四足)	사죽.
사진틀	사진각구.
사타구니	사타리.
삭히다	삭후다.
산만하다	분답다.
산소	밋등. 멧등.
산초	지피, 제피.
살며시	사부재기, 사부지기, 살모(무)시, 살째기.
살집	살찌미.
살짝	살째기.
살짝 훔치다	째비다.
살쾡이	살게이.
살펴가십시오	살피가입시더.

삽	수군포, 수군푸.
상대를 괴롭히다(때려눕히다)	공가뿌다. 공구다.
상어고기 토막	돔배기.
상여	생이.
새끼손가락	애끼손가락.
새끼줄	새끼대이, 새끄대이.
새벽	새복(북).
새우	새비.
샘	새미.
서글프다	서그푸다.
서느렇다	성그렇다.
서늘하다	성그렇다.
서라, 멈춰라	워 (소 부릴 때 쓰는 말)
서랍	빼다지, 삐다지.
서로	서리.
서로 의논하다	수의하다.
서캐(이의 알)	씨가리, 쌔가리.
섞다	서꾸다.
선생님	새엠.
성냥	다황.
성냥갑	성냥각.
성냥개비	성냥까치. 성냥께이.
성질나다	솟치다.
세다	시알리다, 세알리다.
셀로판 종이	빤짝조오.
세상	시상.

~세요	~시더.
셋	서이.
소갈머리	소가지. 싸가지.
소견	시건.
소금	소곰, 소굼.
소꿉놀이	빵께이. 빤지깨이.
소생	소상(자식을 낮추어 부르는 말).
소코뚜레	소군지.
소쿠리	소구리. 소고리.
속이 꽉 차다	오지다.
속이다	속후다.
속이 메스껍다	비바친다. 미식미식하다. 미싱미싱하다.
속이 완전히 드러나도록 껍질(껍데기)을 벗기다	뽈구다.
속이 울렁거리며 메스껍다	미싱미싱하다. 미식미식하다.
손거스러미	손까시레기.
손등	손등거(더)리.
손목	손모가지. 손목재이.
손해보다	밋가다.
솔가리	깔비(소나무 낙엽).
솔다	소잡다.
솜	소캐.
송기(松肌)	송구.
솥뚜껑	소두배(뱅)이.
쇠구슬	차랑.

쇠스랑	소시래이. 소시랑. 소래이.
수고했다	욕밧다.
수그리다	수구리다.
수(숫)놈	숙놈.
수두룩하다	수두루빽빽하다.
수레	구루마.
수수	쑤시.
수업을 빼먹다	땡땡이치다.
수없이 많다	쌔비릿다. 쌔배릿다.
수염	새미. 씨미. 쉬미.
수영하다	목감다.
수월하다	수울타. 할랑하다.
수월찮다(쉽지 않다)	수울찬타. 술찬타.
수제비	수지비.
수캐	숙개.
숙이다	수구리다.
순	촉.
순둥이	순디(이).
순서대로	전처바꾸로. 전체바꾸로.
숨기다	꼬불치다.
숨기다	숭쿠다, 숨쿠다.
숯검정	수껌디(이). 숫껌디(이).
숱하다	수타다.
쉽게	쉬.
쉽다	숩다.
쉽다	호리빵뺑이다, 호시빵뺑이다.

쉽지않다	수울찬타. 술찬다.
~스럽다	~씨럽다. ~씨러버(바)라. ~스러버(바)라.
스무 남은	수무나암.
스물	수물.
스물 남짓	수무나암.
슬그머니	사부재기, 사부지기.
슬리퍼	딸따리.
슬쩍하다	쌔비다.
~습니다(니까)	~심미더(미꺼). ~십니더(십니꺼).
시내	거랑. 걸깡.
시누이	시너부.
~시다	~시더.
시다	새그랍다, 시그럽다.
시다	씨그럽다.
시래기 국	씨락국.
시래기나 나물을 넣어 끓인 죽	갱죽.
시렁	실경.
시멘트	돌까리.
시비 붙다	엉기다.
시시하다	시장시럽다.
시어머니	씨오마씨.
시집보내다	치우다.
시커멓게	시커머이.
시키다	시기다.
시원치 않다	신찬타.

식겁하다	시껍하다.
식견	시견(어른스러운 생각).
식충이	식티(이).
식혜	단술.
식히다	식후다.
신기다	신키다.
신통치않다	서그푸다.
실랑이	실개이. 실나이.
실수없이 꼼꼼히	다듬시리. 다담시리.
심	꼬개이.
심다	숭구다. 숨구다.
심부름	심바람.
심성	소가지.
심술	게살.
심술궂다	개살궂다.
심술을 부리다	꼬장부리다, 꼬장대다.
싶다	시푸다.
싶어서	자바(버)서.
싸늘하다	상그랗다(음식 같은 게 식어서).
싸늘하다	새꼬롬하다, 새꼬로무리하다(날씨).
싸늘하다	썽건(걸)하다.
싸움	싸암.
싸움닭	쌈닥.
싹	촉.
싹수	싸가지.
쌍꺼풀	삼시불.

쌍둥이	쌍디이.
쌓다, 쌓아올리다	동개다.
써래	서리.
썰다	상글다, 싸린다.
썰다	싸리다, 쌍그리다.
쐐기	풀쎄기. 풀쎄비.
쑥스럽다	찐맛엄따.
쓰다	쌉시리하다(약하게 쓴 모양).
쓰다	씹다.
쓰레받기	소판.
쓸개	씰개. 실개.
쓸데없다	씨잘떼기없다.
쓸데없이	씰데없이. 씨잘떼기없이.
쓸모없다	씨잘떼기없다.
씀바귀	신내이.
씁쓰레하다	쌉시하다. 쌉사(시)리하다. 쌉씨레하다.
씨부렁거리다	씨부리다.
씨불이다	씨부리다.
씻다	씩다.
씻어라	씩꺼라.

아가리	아가(갈)빠리.
아궁이	부죽. 부적. 부석.
아기	얼라. 알라.
아까워서	아까바서, 아까버서.
아니(부정의 의사표시)	응어, 엉어. 어어어.
아니꼽다	앵꼽다.
아니니?	아이가?
아니다	아이다.
아니요	어데예, 어인지예, 어데에, 언지예.
아니지?	아이재?
아닌가?	아이가? 아이제?
아닌 게 아니라	아인기아이라.
아닙니다	아임니더. 아임미더.
아래로	알로.
아래턱	택쪼가리. 턱주가리.
아랫목	구둘목.
아름	아람.
아름드리	아람디리.
아리송하다	아리까(끼)리하다.
아무거나	아무끼나.
아무것도 모르고	멋도모리고. 못도모리고.

아무나	지나개나.
아무래도	암만해도.
아무렇게나	아무따나, 아물따나.
아무렇지 않게	여사로 (평소에 하던 것처럼).
아무말도 안했다	머라카더나.
아버지	아부지, 아베, 아비.
아쉬움이 없을 정도로 넉넉하다	만푸장이다.
아쉽다	아섭다. 아숩다. 기럽다.
아예	함부래.
아이	아.
아이들	아들.
아장아장	따박따박.
아저씨	아재.
아주 많다	천지삐까리다. 수두루빽빽하다. 천지다.
아주머니	아주무이.
아주버님	아잼. 아즈뱀.
아주 오래된 것	무군(근)디.
아주 작은 양	선나꼽째기.
아줌마	아지매.
아직	아즉.
아직까지	안주까정.
아침	아적.
아프다	핀찬타.
안녕히 가십시오	살피가입시더.

안사람	안들.
안심이 되다	이자뿟다.
안쓰럽다	아찌랍다.
앉은뱅이	안질배이. 안진배이.
알갱이	알개이.
알맹이	알매이.
암내	상내.
앞전에	요저나페. 요저납새.
애꿎은	애꾸진.
애당초	애시당초.
애먹이다	꼬장부리다.
애초	아시.
애태우다	애달구다.
액자	각구.
야	어이요. 바라바라(사람을 부를 때 쓰는 말).
야단났다	절단났다.
야단치다	머러카다.
야물게 하다	양글기하다.
야물다(야무지다)	양글다.
야바위	야바구. 야바우.
야위다	애비다.
약장수	약재이.
얄미워	얄미버.
얄팍하다	얄부리하다.
얄팍한 속셈	통빡.

얄팍한 수	더듬수.
얄다	얄부리(얄푸리)하다. 얍시리하다.
얌치	야마리.
양념장	양님장.
양푼	양푸이.
얘	야.
얘가	야가.
어떻게 하더라도	우야던동. 우야던지. 우옛던동.
(어떻게 하던지)	우짜던동.
어디에다	어따.
어때서	우때가. 우때서.
어떻게 하면	우짜마. 우야마.
어떻게 할까	우야꼬?
어떻게 할래?	우짤끼라. 우얄끼라.
어떻게 합니까	우짭니꺼. 우짬미꺼.
어레미	얼기미(체).
어려운	어러분. 어러븐.
어련히	비미.
어렵다	에럽다.
어르다	야루다.
어리광	어렁냥, 어링장.
어리바리하다	띠리하다.
어린애	알라. 얼라.
어림도 없다	얼른도 없다.
어림짐작	통빡.
어머니	어무이. 어매. 어마시.

어벙하다	얼빵하다.
어설프다	서그푸다.
어슬렁	어실렁.
어울리다	어불리다.
어이	어이요. 어요.
어제	어지.
어지간하다	엉간하다. 엔간하다.
어지간히	엉가이. 엥가이. 에지간이. 언가이.
어째	우째. 우예.
어찌했던	우야던동. 두짜던동. 우야던지. 우짜던지. 우옛던동.
어쩌다	우짜다가.
어쩌면	우짜마. 우야마.
어쩔거야	우짤끼고(라). 우얄끼고(라)?
어쩔수없이	천상.
어쩝니까?	우짭니꺼?
어찌	우예.
어처구니없다	얼척엄따.
억세게	억시기.
억지로	우루구로.
언청이	째보.
얼굴이 검은 사람	깜상.
얼근하다	얼그리하다.
얼뜨다	떨빵하다.
얼레	자새.

얼른	퍼뜩.
얼리다	얼구다.
얼마	얼매.
얼추	얼축.
얼토당토않은 소리	등떠분한 소리.
엄두도 안난다	엉기도 안난다.
엄마	옴마.
없다	엄따.
엇비슷하다	다이다이다.
엉성하다	홀빈하다.
~에, ~에다	~따.
~에게	~자테.
여기	여개. 요게. 요기. 요오. 여어. 여거.
여기서	어서.
여기저기	여개저개. 여저.
여기저기 얕게 파다	까래비다.
여러 가지	오만거.
여우	야시. 여시.
여유	여개.
여뀌	약꾹대.
여태까지	여즉(죽)지. 이즉지.
여편네	예핀네.
역시	내나.
연거푸	연거퍼.
열쇠	싯대. 쇳대.

염소	얌새이. 염새이. 얌소.
염치	야마리.
엿기름	엿질금. 질굼. 질금.
영감쟁이	영감탱구. 영감탱이.
옆	여풀떼기(야풀때기). 여풀딱.
옆에	자테. 저테.
예쁘다	차맣다.
예사로	여사로.
옜다	아나.
오그리다	오구리다.
오냐	오이야.
오너라	온나. 온네이. 오이라.
오늘	오을.
오라버니	오라바이. 오래비. 오라바시.
오른손잡이	오른재비. 오른짝배기.
오른쪽으로	우로우로(소를 부릴 때 쓰는 말).
오만가지	오만거.
오며가며	오미가미.
오므리다	오무다.
오빠	오라바이. 오래비. 오라바시. 오빠야.
오세요	오이소.
오셨다	오씻다.
오이	물이. 무리외.
오죽하면	오직하마.
오징어	수루매, 쑤루매.

옥수수	강내(냉)이.
온	오분. 오부이.
온갖 것	온갖꺼.
온통	전신에.
올케	월케.
올해	올개. 올애.
온	오분. 오부이.
온갖 것	온갖꺼.
옴츠리다	옹구리다. 옹굴시다.
옷이 해지다	떨어지다.
옹그리다	옹구리다. 옹굴시다.
옹춘마니	배막디.
~와	캉.
왕겨	아시등개.
왜	와?
왜 아니겠니?	와아이라(남의 말에 맞장구칠 때).
외상으로 갖고가다	달아노타.
외양간	소마구. 마구.
외투	오바.
왼손잡이	왼짝배기. 왼재비.
요강	오강.
요것 봐라	요기요.
요 녀석	욜마.
요따위	요따우.
요렇게	요래. 요로코롬.
요령	요랑. 요롱.

요새	오새.
요전에	요저나페. 요저납새.
요즈음 같으면	요새거터마.
우두커니	우두커이.
우렁이	논고디.
우려먹다	우라묵다.
우물	새미.
우선	온시내. 운시내.
우선에	우신딴에, 우신에.
우세	우사.
우스개	우시개.
우엉	우붕.
우체부	체보.
욱신하게 아프다	우리하다.
움직이지 못하게 매다	당글어매다.
움켜 싸다	우두바싸다.
움켜 쥐다	오두부다.
움키다	오두바다. 오두부다.
웃음거리	우사.
웅덩이	웅디.
웅크리다	옹구리다. 옹굴시다.
워낙	원캉.
~워서	~바서. ~버서.
원수	원시.
원숭이	잔내비. 잘래비. 원시이.
웬만하다	엉간하다. 엥간하다.

위	우.
위로	울로. 우로.
위에	우에.
위험스럽다	상그랍다.
유별나게, 유별스럽게	유달시리.
유혈목이	너불때.
융통성 없는 사람	배막디.
으름장	울림짱. 으림장.
윽박지르다	왈기다.
은박지	빤짝조오.
음흉하다	꼬롬하다.
의논하다	수의하다.
의안(인공눈동자)	개눈까리.
이것이	요기요.
이게, 이것이	이기.
이 녀석	일마.
이녁	인녁.
이놈 저놈	일마절마.
이놈의 자식	이노무손.
이따위	이따우.
이렇게	이래. 이러쿠럼.
이리 줘	인도. 인도고.
이만큼, 이만치	이마이.
이미 말한 대로	내나.
이미 말했듯이	내나.
이 사람이	야가.

이 아이	야.
이 아이가	야가.
이야기	이바구.
이어라	이사라, 이서라.
이웃	이부재.
이음매	이슨(승)가리.
이제	인자. 인지.
이제껏, 여태껏	이저꿈.
이제부터	이자부터, 인자부터.
이제야	인자사. 이제사.
이제야	가리느까(께).
이파리	이푸리.
익모초	육모초.
인두	윤디.
일대일(승부)로	맛딴내기.
일러주다(알려주다)	갈차주다.
일으켜 세우다	일바시다, 일바치다.
일찌감치	일찌거이.
일할 때 부녀자들이 입는 옷	몸빼이, 몸빼.
입	아구통.
입술	입씨불.
잇다	이사다, 이수다.
있어 보이다	삐까삐까하다.
잊어먹다	이자무굿다. 이자뭇다. 이자뿟다.
잎	이푸리.
잎사귀	이푸리.

자국	자죽, 재죽.
자귀	짜구.
자기	저거.
자기 아버지	저가부지. 저가배.
자기들끼리	저거꺼정.
자라	자래.
자루	가락.
자루	자리. 잘개(갱)이
자르다	짱글다. 쌍그리다.
자르다	자리다. 짜리다.
자린고비	땐땐무지.
자반고기(자반고등어 등)	간괴기.
자배기	툭시기.
자빠뜨리다	자빠티리다.
자식	자슥.
자전거	자안차. 자잔(전)구.
자주	사알디리.
자칫하면	까딱하마.
작달막하다	짜리몽땅하다.
작두	짝두.
작은	쪼맨은, 쪼맨한.
작은 어머니	잔어무이.

작은 할머니	잔할매.
작은 할아버지	잔할부지. 잔할배.
잔돈, 거스름돈	주리.
잔디	떼. 뗏장.
잔챙이	잔채이. 쫀채이 (통이 작은 사람을 부르는 말).
잘 해주지 못해 마음이 쓰이다	찌이다.
잘했다	자랫따.
잠깐 사이에	그단새, 고단새.
잠꾸러기	자부래이. 자부래비.
잠시 쉬고 바로(급하게, 빨리)	신질로.
잠자리	철기, 철개이.
잠자코	잔죽고. 잔죽기.
잠충이	잠티.
잠투정	잠티정.
잡아매다	짜매다.
잡초	지슴(심).
장난	호작질.
장대	간주때이. 간지때이. 간짓(줏)대이.
장돌림	장똘배(뱅)이.
~장이	~재이.
장이 안서는 평일	무싯날.
장인어른	재인어른.
장작	둥구리
장터를 옮겨다니며 장사하는 사람	장똘배이.

재미	호시(어른이 아이를 들었다 낲다 하는 놀이 또는 행위).
재미없다	찐맛없다.
재발하다	도지다.
쟁기	훌찌.
~쟁이	~재이.
저것 봐라	저바라.
저기	저.
저기에다	저따.
저녁마다	지녁마중, 저녁마중.
저녁 무렵에	지녁답에, 저녁다베.
저놈은	절마는.
저놈의 자식	저너무손.
저렇게	저래.
저물도록	점두룩.
저 아이	자.
저울	정울.
저지레	저지리.
저쪽에	저짜.
저쪽으로	절로.
저희	저거.
적셔라	적사라.
적시다	적숳다.
적시다	축시다.
전부	전다지. 전시. 전시다. 전신에. 몽창시리.

전신만신(온몸)	전시만시(너나 할 것 없이 모두).
전체	오분. 오부이.
절다	째리다.
절반	반튼(틈).
절이다	젤이다.
젊은이	장골이(힘이 센).
점심	제임.
점쟁이	점바치.
접시	접새기. 접시기.
젓가락	저까치.
정강이	장개이. 촛대비. 정개이.
정떨어지다	덧정엄따.
정말로	차말로.
정상, 꼭대기	만대이.
정수리	짱배기.
정신없이	새가나도록. 새가나두룩.
젖꼭지	젖꼭다리.
젖먹이	젓미기.
젖히다	제끼다.
제가	지가.
제가끔	시줌. 지줌.
제기랄, 젠장	니기미. 니(이)미.
제법	어북. 제북.
제비뽑기	심지뽑기.
조	서숙.
조금	쪼깨, 쪼매, 째매.

조기	조구.
조그만 사람	쪼막디. 조막디.
조심해서 가십시오	살피가입시더.
조차(마저)	조치랑.
조청	집청, 지청.
졸다	자불다.
졸립다	자부럽다.
좀생이	쫌새(생)이.
좀 전에	아까.
좁다	소잡다.
종	요롱.
종지	종바리, 종재기.
좋다	지긴다.
좋지 않다	파이다.
좌로좌로	자라자라(소부릴 때).
죄다	말짱.
죄다	조우다.
주걱	주개. 주게.
주더니	주디.
주둥이	주디, 조디.
죄다	말짱.
죄다	조우다.
주름살	쭈굴사리.
주머니	주무이. 개쭘치.
주먹	주묵.
주십시오	주이소.

주었다	좃다.
주워	주.
주워라	주라.
주워 왔다	조(오)왔다.
주웠다	조옷다, 좃다.
주위를 온통 뒤덮는다	등천이다.
주위를 잘 살펴서 흔적을 따라 천천히 오너라	더터온나.
주정뱅이	초삐.
주책없다	쉰시럽다.
죽었다	시상배릿다.
죽인다	지긴다.
준비하고 있다	바라꼬있다.
줄	잇까리. 이까리.
줄곧	내도록.
줄기	쭐개이. 쭐구지. 쭐거리.
줄다리기	줄땡기기.
줄어지다	까부라지다.
줄이다	줄우다.
중매쟁이	중신애비. 중매재이.
줘	도고. 도(오). 주라.
줘 버려라	조뿌라.
줘라	조라.
즉시	새기. 쌔기.
~지	~재. ~제.
지게미	찌끼미.

지겹다	지업다. 지엽다.
지금까지	이즉지. 여즉지.
지금까지는	안주까지는.
지금 바로	인지.
지껄이다	지끼다.
지렁이(회충)	꺼깨이, 꺼시.
지루하다	지엽다. 지업다.
지르다	찌리다.
지리다	찔기다(똥 오줌을).
지린내	찌렁내.
지우개	고무딱개.
지저분한 모양	쑤시방테이. 쑤시방테기. 쑤시망태.
지지다	찌지다.
지진다	찌진다.
지팡이	지패(팽)이.
진드기	가분다리. 쇠빈대.
진저리나다	엉기나다.
진짜	어시.
진짜	진짜배기. 진짜배이.
질경이	빼뿌재이. 찔개이.
질기다	찔기다.
질색이다	덧정엄따.
집뒷마당	뒤앙깐. 뒤안깐.
집을 짓기 위해 마당에서 조금 높게 쌓아놓은 축	축담.

짧다	짜리다.
쪼개다	따개다.
쪼들리다	짜치다. 쪼치다.
쪽	짜.
쪽박	쪽배기.
쫓아버려라	후차뿌라. 후처뿌라. 후처라.
쭈그리다	쭈굴시다.
쭉정이	쭉디기. 쭉디. 쭉대기.
찌꺼기	찌끄래기.
찌르다	찌리다.
찡얼대다	찡꼴대다.

차곡차곡	동개동개. 차게차게.
차려놓고	채리노코.
차말로	참말로.
차츰	차춤.
찬밥	시근밥.
찬찬히	찬차이. 천처이.
참개구리	멍머구리.
참말로	차말로.
참빗	챔빗.
참외	위.
창피스럽다	넘사시럽다.
챙기다	챙그리다. 창기리다.
~처럼	맨치로. 맨쿠로. 맨키로.
처럼	매로. 매이.
처음	아시.
천둥	노숭.
천만다행이다	만문다행이다. 만분다행이다.
천천히	찬차이. 천처이.
철	시건.
첩, 첩실	첩사이.
첫 번째로	처므로.
청미래덩굴	망개나무.

체	얼기미.
체하다	언치다.
쳐다보다	치바다보다.
초장	초집.
촘촘하다	소물다. 쏘물다.
최고다(좋다)	대끼리다.
추워서	추버서.
축이다	축시다.
축축하다	추지다.
출발하다	나서다.
치다	찡구다. 칭구다.
치워라	치아라. 치야라.
치이다	찡기다. 칭기다.
치워버리다	치야뿌다. 치아뿌다.
치켜세우다	치키세우다.
칡	칠개이.
침	춤.
칭얼대다	찡꼴대다.

칸막이	칸매기.
커다랗다	크단하다.
켜다	키다.
코	코빵매이.
코딱지	코따까리.
콘크리트(치다)	공구리(치다).
콧등	콧빼이, 콧떼기, 콧디.
콩나물	콩지름.
크림	구리무(일본식발음).
큰길	치도질.
큰 일 났다	절단났다.
큰일났다	클났다.
키	치이. 채이.
키 작고 볼품없는 모양	땡때부리하다.
키질하다	까불다. 까부리다.

ㅌ

타박	티박.
탁주	탁배기.
탄내	화근내.
탕갯줄	탱깃줄.
택호(宅號)	택구.
탱자	탱주.
턱	택. 택쪼가리. 태가리.
턱없다	택도없다.
털	터리기. 터리. 터래기.
토끼	토까이. 토깨이.
토막	동가리. 똥가리.
토막	톰배기.
투박하다	걸다.
퉁가리	탕갈래.
튀기다	티기다.
튀밥	티밥.
튀밥	박상. 강밥.
팅기다	팅구다.
트집	깡살.
틀렸다	텃다.
틀리다	텃다.
틀림없다	여척엄따.

ㅍ

파랗게	파라이. 파라쿠로.
파리	파래이.
판때기	판자.
팔	팔띠기.
팔꿈치	팔꾸무리.
팔뚝	팔띠이.
패를 까다	깨배다.
팽개치다	때기치다. 태기치다.
팽이	패이.
퍼붓다	따룻타.
펑크	빵구.
펑퍼짐하다(널찍하다)	넙더그리하다.
펴다	피다.
편지	핀지.
편찮다	핀찮다.
편하다	핀타.
평상	핑상.
평생	핑상. 핑생.
평평하게 하다	고리다.
포기	피기.
포대	푸대짜루(리).
포대기	두디(이). 두디기.

포실하다	포시럽다. 포시랍다.
푸성귀	나무새. 남새.
풀	꼴(가축사료로 베어놓은 풀).
풍뎅이	풍디(이).
풍비박산(風飛雹散)	풍지박살.
피라미	피리. 피라미.
피마자	아주까리.
필사하다	베끼다.

~ㅎ게	~쿠로, ~구로.
하게	하구로.
하고 싶어 하는 사람	하고잡(잽)이.
하기야	하기사.
하니까	사이끼네.
하다	카다. 삻다.
하더냐	카더나.
하더라	카더라.
하도록	하구로.
하루	하로.
하면	해뿌마. 하마. 카마.
하십시오	하이소.
하얗게	하야쿠로. 하야이.
하이힐	삐딱구두.
하찮다	가짢다.
하필	해필.
학교	핵교.
한가득	한삐까리.
한곳에	한테.
한군데	한군자리.
한길	치도질.
한꺼번에	한참에.

한다	칸다.
~한다	~뻔다.
한다니까	한다카이.
한방울	한 빠알.
한번	한분.
한번보자	함보자.
한주먹	한주묵.
할머니	할마시. 할매. 할무이.
할아버지	할부지. 할배.
할퀴다	까래비다.
함께	한테.
함부로	함부래. 벌로.
함부로	벌로.
항문	똥자바리.
항상	노다지. 노상.
항상	사시로.
항상	사알디리(사흘마다).
항아리	추마리.
해감	해곰.
해거름에	해거름차메.
해놓고	캐노코.
해서	캐서.
해지기전에	해딴에.
했냐	캣나.
했다	캣다.
행동거지	행사머리. 행사구지.

행여나	해나.
허리끈	헐끈.
허전하다	훌빈하다.
허파	허패.
헌데	헌디.
헤아리다	세아리다. 시아리다. 히아리다.
헤아리다	세알리다. 시알리다. 히알리다.
헤엄치다	목감다.
헤프다	씨푸다. 히뿌다. 히푸다.
혀	새.
혓바닥	쌔빠닥.
형	히야. 씨야.
형편	행핀.
호드기	해때기. 회때기
호랑이	호래이.
호미	호매이.
혹시나	해나.
혼나다	시껍하다.
홀리다	홀끼다.
홀아비	호불애비. 호부래비.
화가 나다	솟치다.
화로	화리.
화투	화토.
확실히	단단이. 단디(이).
후덥지근하다	미피하다.
후레자식	호로새끼.

후리다	왈기다.
후비다	파다.
후에	후재.
훌륭한	때깔나는.
훑다	치다.
훔치다(물따위를 그러모아 닦다)	훌치다.
훤칠하다	헌출하다.
흉	숭.
흉년	숭년.
흉악하다	숭악하다.
흐지부지	시지부기.
희한하다	히한하다.
힘	매가리.
힘	심. 히마리. 히바리.
힘들다	쌔가(씨가) 빠지다.
힘이 없다	히마리 없다.